FRANZ BRANDL

# COCKTAIL

## KLASSIKER

Für Paula und Luzi

FRANZ BRANDL

# COCKTAIL KLASSIKER

## 50 DRINKS UND IHRE GESCHICHTE

südwest

# Inhalt

# Der Autor

Franz Brandl ist seit den 1970er-Jahren einer der bekanntesten Barmixer Deutschlands und der führende Autor zum Thema »Mixen und Getränke«. Seine gastronomische Ausbildung führte über den klassischen Weg einer Lehre bis hin zur 1976 abgelegten Barmeisterprüfung.

Während seiner langjährigen Berufspraxis war Franz Brandl in seiner Heimatstadt München Bar/Beverage Manager im Eröffnungsteam des Sheraton-Hotels, dem damals größten Hotel Europas (heute Westin Grand). Darauffolgend eröffnete und leitete er als Barchef der ersten Stunde die »Harry's New York Bar« und die Eckart Witzigmanns weltberühmtem Drei-Sterne-Restaurant »Aubergine« angegliederte »Max-Joseph-Bar«.

Mit zahlreichen Büchern und Veröffentlichungen in der Fachpresse hatte Franz Brandl großen Anteil am Wiedererstehen der Cocktailkultur. Sein erstes Buch, der 1982 erschienene »Gourmet Mix Guide«, zählt heute zu den Klassikern der Barliteratur und war für viele ein Wegweiser in das damals beginnende neue Zeitalter der Mixgetränke. Einige seiner Bücher wurden in andere Sprachen übersetzt und mit Silber- und Goldmedaillen der »Gastronomischen Akademie Deutschlands« ausgezeichnet. Auch beim international renommiertesten Wettbewerb, dem »Gourmand World Cookbook Award«, erreichten mehrere seiner Bücher in den Kategorien »Spirit Book« und »Cocktail Book« jeweils den ersten Platz unter den deutschsprachigen Büchern.

# Vorwort

Cocktailbücher und Rezeptsammlungen gibt es in vielen Ausführungen und mit unterschiedlichen Inhalten. Doch selten wird dabei auf die Entstehung der Drinks ausführlich eingegangen, und auch die Hintergründe bleiben im Dunkeln. Viele Erzählungen ranken sich um die Entwicklung der Drinks, und der Autor hat versucht, ihren »wahren« Ursprung zu finden.

Das vorliegende Buch vermittelt einen Einblick in den Beginn und den Verlauf der Mixgeschichte und präsentiert die »großen« Drinks.

Es präsentiert die fünfzig wichtigsten Drinks der Cocktailgeschichte, und dabei wird auch auf ihren Ursprung, ihre Veränderungen und ihre heutige Bedeutung ausführlich eingegangen. Das schließt natürlich die Varianten der »Klassiker« mit ein, denn Großes wird immer »verbessert« oder nachgeahmt. Neben der Geschichte, den Mixanleitungen und den Hinweisen zum Geschmack nennen die Rezepte auch den idealen Zeitpunkt für den Genuss des jeweiligen Drinks.

Der Hauptteil des Buches ist den Rezepten vorbehalten, doch es stellt auch die wichtigsten Gerätschaften und Gläser vor. Es informiert über die Mixpraxis, über die verschiedenen Gruppen der Drinks und erklärt Fachausdrücke. Dabei werden oft verwendete Formulierungen und die Hinweise auf Flaschenetiketten definiert. Abgerundet wird das Buch mit einer detaillierten Warenkunde, die über Produkte und Qualitäten Aufschluß gibt.

Ihnen ein herzliches »Shake it easy«!

Ihr Barmeister Franz Brandl

# Cocktailgeschichte

Ein »Hahnenschwanz« ist das Symbol der Cocktails, und über die Entstehung des Namens gibt es zahlreiche Geschichten. Denkbar ist, dass der Cocktail seinen Namen den Hahnenkämpfen zu verdanken hat. Nach den Kämpfen hatten die Besitzer der Siegerhähne das Recht, dem getöteten Rivalen die bunten Schwanzfedern auszureißen. Beim anschließenden Umtrunk wurden diese Trophäen mit einem Drink »on the cock's tail« begossen. Später nannte man diese nach den Kämpfen gereichten Getränke »Cocktails«. Ob sie so bunt waren wie die Federn der Hähne oder wie die heute gemixten Drinks, darf bezweifelt werden. Fest steht, dass man gute Gründe hatte, seine Drinks nicht pur zu genießen. Das damals in Nordamerika verfügbare Spirituosenangebot bestand fast ausschließlich aus Rum und den Vorläufern des Whiskeys. Das waren harte und hochprozentige Kornschnäpse, deren Konsum Mut und Standvermögen erforderte. So lag es nahe, dass man versuchte, durch Süßen mit Zucker oder Honig oder die Zugabe von aromatischen Ingredienzen und Früchten den Geschmack erträglicher zu machen und somit den Genuss zu erhöhen. Mitte des 19. Jahrhunderts wurden dann auch in Nordamerika andere Spirituosen und Liköre hergestellt – von europäischen Einwanderern, die ihr Wissen über die Destillation in der neuen Heimat in die Tat umsetzten. Auch der Ort der Kommunikation hatte sich verändert: Er wandelte sich von der namensgebenden Bar, der einfachen Barriere des Westernsaloons, zur heutigen American Bar, die bereits um die Jahrhundertwende einen festen Bestandteil im amerikanischen Gesellschaftsleben bildete. Der Import der in Europa hergestellten Getränke nahm stetig zu, und damit stand der amerikanischen Genuss- und Experimentierfreude nichts mehr im Weg. Es wurden unzählige Cocktails erfunden – viele endeten als Eintagsfliegen, manche jedoch brachten es zu Weltbekanntheit.

In Europa begann der Siegeszug des Cocktails in den Bars der großen Hotels, die um die vorletzte Jahrhundertwende errichtet wurden – in Deutschland wurde diese Entwicklung allerdings durch die Kriege und Wirrnisse der ersten Jahrhunderthälfte unterbrochen. So erlangte der Cocktail hier erst in den späten 1950er-Jahren den Stellenwert, den er in den Großstädten der Vereinigten Staaten sowie in London und Paris längst hatte. In den 1970er-Jahren war der Durchbruch auch in Deutschland geschafft, und es entstanden Bars auch außerhalb der Hotels.

# Die Hausbar

Cocktailliebhaber konnten in früherer Zeit oftmals lesen, es ließe sich schon mit wenigen Flaschen eine Hausbar einrichten. Die darauf basierenden Rezept-Vorschläge – ausgehend vom Martini-Cocktail – hatten jedoch gravierende Nachteile: Alle Drinks ähnelten sich sehr, und der einzige Unterschied bestand in der Kombination und der Bemessung der Zutaten. Außerdem waren diese Cocktails meist zu alkoholstark, und sie eigneten sich nicht für jede Tageszeit. Eine kleine Auswahl ermöglicht eben nur ein eintöniges Cocktail-Angebot. Die nachfolgend genannten Alkoholika bilden eine sinnvolle Basis für die Grundausstattung, sie sollte Gin, Wodka, weißen und braunen Rum, Scotch Whisky, Bourbon Whiskey, Cognac/Weinbrand, Cointreau, einen Bitteraperitif (Campari), Vermouth Rosso sowie Sherry oder Portwein und Champagner/Sekt enthalten. Diese Auswahl – plus Zuckersirup und Zitronensaft – umfasst die wichtigsten Zutaten für fast die Hälfte der Classic Drinks. Und mit jedem hinzukommenden Likör ergeben sich weitere Mixmöglichkeiten. Des Weiteren ermöglicht dieses Sortiment zahlreiche Highball-Mischungen, und auch für den Pur-Genuss ist gesorgt.

Mit dieser Auswahl schnell zubereitet sind:
Bitteraperitif – mit Sodawasser, Orangensaft
Vermouth Rosso – pur
Whisk(e)y – pur, mit Cola, Ginger Ale, Seven Up/Sprite
Gin – mit Tonic Water, Orangensaft
Wodka – pur, mit Tonic Water, Orangensaft
Weißer Rum – mit Cola, Orangensaft
Brauner Rum – pur, mit Cola, zum Tee, als Grog
Cognac/Weinbrand – pur, als Digestif, mit Cola
Champagner/Sekt – zu jeder Gelegenheit passend
Sherry/Portwein – von trocken bis süß, zu jeder Gelegenheit passend
Cointreau – als Digestif

## JEDE STUNDE HAT IHREN DRINK

Nie ist es zu spät und selten zu früh für einen gemixten Drink. Dabei entscheidet weniger der Alkoholgehalt des Cocktails oder Mixgetränks, sondern vielmehr das passende Rezept zur richtigen Zeit.

Zum Katerfrühstück passt die Bloody Mary oder in schweren Fällen ein Bull Shot. Insbesondere die Bloody Mary ist ein guter Allrounder für den ganzen Tag.

Champagner-/Sekt-Cocktails und -Drinks eignen sich für die Vormittagsstunden. Für diese Zeit sollte man aber leichte Mischungen wählen. Sie sind auch ausgezeichnete Aperitifs und Drinks für den frühen Abend.

Mit leichten Flips überbrückt man den Vormittag und die Zeiten zwischen den Mahlzeiten.

Aperitifs stimmen dann zur Mittagszeit oder gegen Abend als Before-Dinner-Drinks auf das Essen ein. Die Bandbreite dieser Appetitanreger reicht von Champagner/Sekt über Sherry oder Portwein und Bitteraperitifs bis hin zu den alkoholstarken Cocktails.

In der Blue Hour, jener Spätnachmittagsstunde, die den Tag angenehm beschließen soll, muss jeder nach seiner Fasson selig werden. Man trinkt jedoch vorzugsweise mittelstarke Drinks.

Diesen folgt der Sundowner, der schon etwas kräftigere Sonnenuntergangsdrink, der auf den Abend einstimmt. Dazu eignen sich die Sours, und auch die Champagner-/Sekt-Cocktails und -Drinks passen optimal in diese Zeit.

Digestifs, auch After-Dinner-Drinks genannt, werden bevorzugt nach dem Abendessen getrunken und weisen den Weg für die nächsten Stunden.

Highballs und alkoholstarke Mixdrinks jeder Art sind die idealen Getränke für die Nacht.

# Barausstattung

Ausgießer Sie werden auf Flaschenhälse gesteckt und erlauben ein zügiges Abmessen und Eingießen.
Barlöffel Der etwa 25 Zentimeter lange Löffel dient zum Verrühren der Flüssigkeiten mit Eiswürfeln im Barglas. Er ist gleichzeitig eine kleine Maßeinheit. In Rezepten steht »1 Barlöffel« (BL) für 0,5 cl.
Barmesser Das mittelgroße Sägemesser benötigt man zum Schneiden und Schälen von Früchten.
Barsieb Das Spiralsieb hält beim Abseihen die Eisstücke zurück.
Blender Ein elektrischer Mixer, der über einen nach unten gerichteten Metallstab mit Quirl verfügt. Dieser vermischt in einem von unten eingehängten Metallbecher die Zutaten.
Champagnerflaschenverschluss Damit werden angebrochene Champagner-/Sektflaschen verschlossen.
Cocktailspieße Kleine Spießchen aus Holz oder Kunststoff zum Aufspießen von Cocktailkirschen, Oliven und anderen Garnituren.
Elektromixer Der Elektromixer (auch Standmixer) dient zum Pürieren von Früchten und zum Sahneschlagen, des Weiteren zur Zubereitung von Mixgetränken mit schwer mischbaren Zutaten. Er tut gute Dienste, wenn größere Mengen zubereitet werden.
Eiseimer Ein Gefäß aus Glas, Kunststoff oder Metall zur Aufbewahrung von Eiswürfeln.
Eiszange und Eisschaufel Zum Aufnehmen von Eiswürfeln.
Hebelkorkenzieher Er sollte eine breite Spirale haben und mit einem Schneidemesser sowie einem Kapselheber ausgestattet sein.
Stößel aus Holz oder Edelstahl mit Plastik braucht man zum Ausdrücken von Limetten oder Minzeblättern im Glas.
Messbecher (Jigger) aus Metall, Glas oder Plastik Die klassischen Metall-Modelle fassen auf der einen Seite 2 cl, auf der Gegenseite 4 cl Flüssigkeit. Es sind auch Modelle mit 5 cl oder mit Ounce-Einteilung (fl oz = 2,95 cl) erhältlich.
Mixglas (auch Rühr- oder Barglas) Dickwandiges, hohes Glas mit Ausgießschnabel. Im Barglas werden hauptsächlich Shortdrinks gemixt. Diese bestehen zumeist aus Spirituosen und Likör, Vermouth, Sirup oder Südwein, beinhalten jedoch keine Säfte oder trübenden Zutaten.
Muskatreibe Zum Abreiben von Muskatnüssen. Am besten sind Reiben mit Vorratsbehälter.
Schneidebrett Ein größeres Holz- oder Kunststoffbrett als Unterlage beim Schneiden von Früchten.
Shaker (Schüttelbecher) Drei Modelle von Shakern sind auf dem Markt: der zweiteilige aus Edelstahl oder Silber, der dreiteilige aus Edelstahl

oder Silber mit im Mittelteil eingebautem Sieb und der Boston-Shaker, der aus einem kleineren Glasteil und einem größeren Edelstahlteil besteht.

Spiralschäler Auch Zestenreißer oder Kannelier-Messer. Damit lassen sich lange, dünne Schalenstreifen von Orangen oder Zitronen abschälen.

Stirrer Ein langer Kunststoffstab zum Rühren in Highballs.

Feines Teesieb Dieses hält beim Abgießen mit dem Barsieb (Double Strain) kleinere Fruchtstücke oder mitgeschüttelte Minzeblätter etc. zurück.

Trinkhalme Sollten wenn möglich in verschiedenen Längen und Farben vorhanden sein. Der Umwelt zuliebe bitte nur plastikfreie Trinkhalme verwenden.

# Gläser

Die für die Bargetränke benötigten Gläser müssen nach mehreren Kriterien ausgewählt werden: Sie sollten ansprechend aussehen, dabei auch zweckmäßig und wirtschaftlich sein. Die Glasindustrie, die jede Form in vielen Varianten anbietet, gewährt einen großen Spielraum bei der Zusammenstellung des Glassortiments. Während im privaten Bereich gerne dünne und übergroße Gläser verwendet werden, entscheiden im professionellen Barbetrieb die Überlegungen nach Platzangebot und Bruchsicherheit.

**Die Symbole für die wichtigsten Gläser von links nach rechts: Longdrink/Highball, Stielglas, Fancyglas, Cocktailglas oder -schale, Tumbler, Glas für Heißgetränke.**

# Mixpraxis

Mixgetränke werden entweder durch Schütteln im Shaker, im Elektromixer, durch Rühren im Mixglas oder durch direktes Anrichten im Trinkglas zubereitet.

Grundsätzlich werden alle Mixgetränke, die Fruchtsäfte enthalten, geschüttelt. Es gibt nur wenige Ausnahmen. Diese sind entweder durch den geringen Saftanteil des Drinks oder durch die Herstellungsweise begründet. Gerührt werden alle Mischungen, die aus Vermouth, Spirituosen, Likören usw. bestehen und nach der Zubereitung klar bleiben.

## SCHÜTTELN IM SHAKER

Beim Schütteln gibt man zuerst das Eis in das Unterteil des Shakers und fügt die Zutaten, beginnend mit Sirup, Säften, Sahne usw., hinzu. Kohlensäurehaltige Getränke wie Tonic Water, Champagner, Sekt, Sodawasser oder Cola niemals mitschütteln! Sie werden nur zum Auffüllen der bereits in Trinkgläser abgeseihten Mixdrinks verwendet. Der geschlossene Shaker wird in waagerechter Haltung in Schulterhöhe kräftig vom Körper weg und wieder zum Körper hin geschüttelt. So ist die Wirkung am intensivsten. Geschüttelt wird je nach Art des Drinks verschieden lange. Die Dauer richtet sich zum Teil nach Größe und Festigkeit der Eiswürfel, aber auch nach Menge und Art der Zutaten. Bei Cocktails mit Sirup und Säften erzeugt richtiges Schütteln außer der Kühlung und guten Vermischung der Zutaten eine Schaumkrone, die jeden Drink appetitlicher aussehen lässt.
Nach dem Schütteln wird der Shaker abgesetzt. Dies geschieht beim klassischen zweiteiligen Metallshaker mit dem größeren Unterteil, beim Boston-Shaker mit dem Metalloberteil, da dieses größer als das Glasteil ist. Das ermöglicht auch – im Gegensatz zum Metallshaker, dessen Kopfteil zum Schließen nach innen eingesetzt wird – ein Füllen des Glasteils bis zum Rand. Nach dem Schütteln gießt man die Flüssigkeit durch ein Barsieb in die vorbereiteten Gläser ab und garniert, falls erforderlich, mit Früchten. Das Barsieb hat die Aufgabe, das verbliebene Eis im Shaker zurückzuhalten.

## MIXEN MIT DEM ELEKTROMIXER

Bei der Zubereitung im Elektromixer gelten die gleichen Regeln wie beim Schütteln. Hier ersetzt die Maschine die körperliche Tätigkeit, zerstört aber auch die Atmosphäre, die durch die Zubereitung von geschüttelten

Cocktails entsteht. Der Einsatz des Elektromixers sollte sich auf das Pürieren von Früchten und auf die Zubereitung von Cocktails, die feste Creams enthalten, beschränken.

## RÜHREN IM MIXGLAS

Beim Rühren von Cocktails im Mixglas wird im Grunde wie beim Schütteln vorgegangen. Also trockene Eiswürfel verwenden oder eventuell vorhandenes Schmelzwasser abgießen, mit Mixbitter, Sirup, Vermouth usw. beginnen und am Schluss die teureren Zutaten wie Spirituosen und Liköre dazugeben. Dann wird mit dem Barlöffel schnell und kräftig gerührt, am besten spiralförmig von oben nach unten. Durch ein Barsieb wird der Drink abgeseiht. Für Shortdrinks sollte man tiefgekühlte Gläser verwenden.

**Die Symbole für die drei Zubereitungsarten von links nach rechts: Schütteln im Shaker, Mixen mit dem Elektromixer, Rühren im Mixglas.**

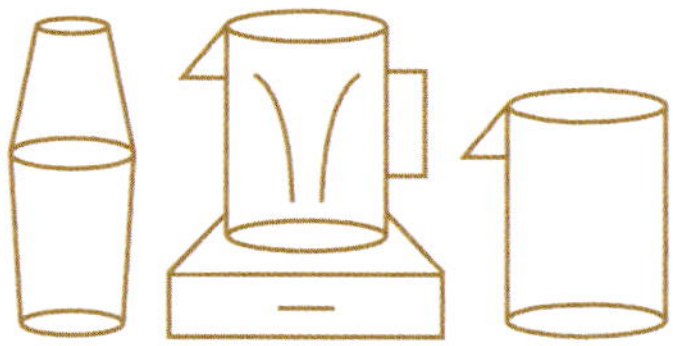

## ANRICHTEN IM TRINKGLAS

Für Mixdrinks, die im Trinkglas angerichtet werden (z. B. Champagner-Cocktail, Old Fashioned, Caipirinha oder Irish Coffee), gibt es kein festes Grundrezept. Die Zubereitung ist jeweils verschieden und bei den einzelnen Rezepten angegeben. Um die Zubereitungsart jedes Drinks sofort zu veranschaulichen, stehen die auf Seite 12 abgebildeten Symbole abgebildeten Symbole dabei.

## DAS ABMESSEN

Wichtig beim Mixen eines Cocktails ist das Abmessen der Zutaten. Der meistverwendete Messbecher (Jigger) ist aus Metall und doppelseitig. Die Standardausführung fasst 2 cl und 4 cl. Doch es sind auch größere und US-amerikanische, mit Flüssig-Unzen versehene Messbecher erhältlich. Eine US-fluid ounce (US fl oz) entspricht 2,95 cl. Des Weiteren gibt es Messbecher aus Glas, Plastik oder Metall mit einer Einteilung von 1 bis 5 cl. Grundsätzlich beginnt man beim Mixen mit Sirup oder Sahne, also mit den kleineren Anteilen. Diese kann man noch nach Augenmaß eingießen. Die größeren Anteile sowie Liköre und Spirituosen sollte man aber abmessen. Kohlensäurehaltige Limonaden oder Sekt zum Auffüllen sollten direkt in den Drink gegossen werden, da beim Umweg über das Messglas ein Kohlensäureverlust entsteht.

## EISWÜRFEL

Das verwendete Eis trägt viel zum Gelingen eines Cocktails bei. Es sollte, so abwegig das auch klingen mag, aber nicht zu kalt sein. Ideal sind deshalb Eiswürfel aus dem Eiswürfelbereiter, die eine Temperatur von 0° C aufweisen. Eiswürfel aus der Tiefkühltruhe sind mit ihren 15 °C zu kalt. Zu kalte Eiswürfel lösen sich beim Mixen zu langsam auf, und weil das Schmelzwasser fehlt, wird nicht der optimale Kühleffekt erzeugt. Ist kein Eiswürfelbereiter vorhanden, sollten Eiswürfel aus der Tiefkühltruhe deshalb schon einige Zeit vor der Verwendung bereitgestellt werden. In professionell betriebenen Bars steht Eis in jeder Form zur Verfügung.

## DIE HERSTELLUNG VON CRUSHED ICE

Zur Herstellung von crushed ice gibt man Eiswürfel auf ein Küchentuch aus Leinen und faltet es zu einem Beutel zusammen. Diesen legt man auf einen festen Untergrund und schlägt mit einem Fleischklopfer oder einem Holzhammer darauf. Die kleinen Eisstücke gibt man mit einem Löffel ins Glas oder nimmt sie direkt mit dem Glas vom Tuch auf. Crushed ice lässt sich auch für eine größere Gästerunde gut vorbereiten. Dazu füllt man das nicht unmittelbar benötigte zerstoßene Eis in Gläser und stellt diese bis zum Gebrauch ins Gefrierfach.

## VORBEREITUNG VON MIXDRINKS

Auf größere Mengen ist man mit wenig Aufwand – ohne Qualitätseinbußen schnell vorbereitet. Will man beispielsweise zehn Drinks (mit jeweils 20 cl) anbieten, so braucht man dazu eine Zwei-Liter-Karaffe. In diese gibt man die zehnfache Menge der Rezeptur und rührt gut um. Wenn der jeweilige Drink gemixt werden soll, verfährt man wie sonst auch, muss aber nicht alles einzeln aus den Flaschen eingießen, sondern greift einfach zu der Karaffe.

## EIGENKREATIONEN

Das »Erfinden« eines neuen Rezepts ist gar nicht so schwer. Wichtig ist, dass die Zutaten zueinanderpassen. Beginnend mit dem Sirup gießt man mithilfe eines Messglases die Zutaten in einen Shaker oder in ein Mixglas, rührt nach jeder Zugabe um und probiert. Erst wenn alle Bestandteile zugegeben sind und der Drink schmeckt, gibt man das Eis dazu. Durch die Kühlung und das Schmelzwasser wird in der Regel jeder Drink noch besser.

## GARNITUREN UND FRÜCHTE

Zum Garnieren der Mixdrinks sollten frische, essbare und vor allem unbehandelte Früchte verwendet werden. Insbesondere wenn Fruchtschalen (Orangen, Zitronen etc.) über Drinks ausgedrückt werden, sollte man auf Bio-Qualität achten.
Die Früchte sollten mit der Geschmacksrichtung des jeweiligen Drinks harmonieren und in einem ausgewogenen Verhältnis zu seinem Volumen stehen. Für die Garnierung schneidet man die Früchte oder Fruchtstücke ein, steckt sie auf den Glasrand, gibt sie direkt in den Drink (z. B. Kirschen oder halbe Zitronenscheiben) oder legt sie auf ein Spießchen gesteckt über den Glasrand.

## FLAIR BARTENDING

Damit sind die artistischen Showeinlagen, bei denen Barmixer Flaschen und anderes durch die Luft werfen, gemeint. Wem es gefällt, bitte sehr, dann aber fleißig üben und die Gäste nicht mit irgendetwas bewerfen oder bespritzen. Vorreiter war die 1965 gegründete US-amerikanische Bistro-Kette TGI Friday's. Die Abkürzung steht für »Thank God it's Friday«. Auch in Europa gibt es Ableger dieser Kette, die Franchise-Filialen in Deutschland konnten sich jedoch nicht durchsetzen. Ich habe in mehreren europäischen Ländern solche Lokale aufgesucht und die Drinks meiner unbelehrbaren Freunde (ich habe mir selbst nie einen bestellt) probiert. Jedes Mal eine Katastrophe. Wie soll das auch funktionieren, wenn das Auffangen der Flaschen wichtiger ist als die korrekte Bemessung der Zutaten. Bitte schön – wer es versuchen will, gerne!

# Fachausdrücke

Auf diesen Seiten werden oft benutzte Fachbegriffe der Bar und der Getränkeherstellung sowie Etikettenaufschriften erklärt.

Die Abkürzungen bedeuten:
(e) Englisch (f) Französisch (i) Italienisch (sp) Spanisch (p) Portugiesisch

Amontillado (sp) Meist halbtrockener Sherry.
Brut (f) Bei Champagner und Sekt für herb, naturherb. Restzuckergehalt 0 bis 15 g/l.
Balthasar Champagner-Flaschengröße mit 12 l Inhalt (16 Normalflaschen).
Cask strength (e) Fassstärke, d. h. der Alkoholgehalt, den Whisk(e)y nach seiner Reifezeit im Fass hat. Vor allem schottische Single Malts werden oft direkt abgefüllt und nicht auf Trinkstärke herabgesetzt.
Champagner- und Sektgeschmacksrichtungen
Die Angaben stehen für den Restzuckergehalt pro Liter (l).
 Extra Brut (extra herb): 0 – 6 g/l
 Brut (herb): 0 – 15 g/l
 Extra Dry (extra trocken): 12 – 20 g/l
 Sec (trocken): 17 – 35 g/l
 Demi Sec (halbtrocken): 33 – 50 g/l
 Doux (mild, süß): über 50 g/l
Colheita (p) Bei Portwein für Ernte, Erntejahr. Diese Portweine werden im Unterschied zum Vintage Port spät auf Flaschen gezogen.
Cordials (e) Amerikanisch-englische Bezeichnung für Liköre, insbesondere für stärkende mit gesundheitlichem Effekt.
Cream (e) Beim Sherry Bezeichnung für einen tiefroten, süßen, fast cremigen Wein.
Crème de … (f) Der Zusatz »Crème« bei Likören steht für besondere Süße, der Zuckergehalt liegt bei über 250 g/l.
Crémant (f) Stand bis 1995 für einen Champagner mit wenig Kohlensäure. Wird seither für höherwertige regionale Schaumweine (Appellation Controlée) in Frankreich, aber auch in anderen Ländern verwendet.
Cuvée (f) Fassmischung. Champagner und Schaumweine z. B. entstehen in der Regel aus Weinen verschiedener Lagen und Jahrgänge. Die Zusammenstellung der Grundweine ist die Cuvée.
Eau de Vie (f) »Wasser des Lebens«. Französische Bezeichnung für Spirituosen, insbesondere für Obstbrände.
Fine Champagne (f) Cognac, der ausschließlich aus Grande- und Petite-Champagne-Destillaten gemischt wurde. Der Grande-Champagne-Anteil muss mindestens 50 % betragen.

Fino (sp) Trockenste Sherry-Sorte.
Gallone (e) Englisch-amerikanisches Flüssigkeitsmaß. Eine englische Gallone entspricht 4,54 l, eine amerikanische Gallone 3,78 l.
Gay-Lussac-Grade Früher in Frankreich verwendete Maßeinheit zur Bestimmung des Alkoholgehalts. Weicht geringfügig von den deutschen % vol ab. Abkürzung G.L.
Glen (e) »Bergschlucht«, »Tal«. Bestandteil vieler schottischer Malt-Whisky-Markennamen.
Grande Champagne (f) Gilt als die beste Cognac-Anbauzone. Liegt inmitten der Region. 1906 wurden die bereits 1860 bestimmten, bis heute gültigen Grenzen des Cognacgebiets (Charente) festgelegt.
Hors d'Age (f) »Außergewöhnlich alt«. Eine der gesetzlich festgeschriebenen Bezeichnungen bei Cognac, Armagnac und Calvados für die höchste Altersstufe. Aus dem Alterskonto sechs mit mindestens 6 Jahren Reifezeit.
Jeroboam (Doppelmagnum) Übergroße Flasche (Champagner und Sekt) mit 3 l Inhalt (4 Normalflaschen).
Magnum Champagner-/ Sektflasche mit 1,5 l Inhalt (Doppelflasche).
Manzanilla (sp) Besonders leichter, trockener Sherry, der nur in den Bodegas von Sanlúcar de Barrameda reift.
Methusalem Champagner-Flaschengröße mit 6 l Inhalt (8 Normalflaschen).
Mist (e) »Nebel«. In Schottland, Irland, USA und Kanada Bestandteil von Spirituosennamen.
Napoleón (f) Eine der gesetzlich festgeschriebenen Bezeichnungen für Cognac, Armagnac und Calvados für die höchste Alterungsstufe, aus dem Alterskonto sechs mit mindestens 6 Jahren Reifezeit.
Nebukadnezar Größte Champagnerflasche mit 15 l Inhalt (20 Normalfl.).
Nutty (e) »Nussig«. Auf Sherry-Etiketten zu finden, weist auf einen nussartigen Geschmack hin.
Oloroso (sp) Trockener bis leicht süßer Sherry, die klassische Qualität in Spanien. Oloroso von olor (»Geruch«). Oloroso = wohlriechend.
Ounce (e) Unze. US-amerikanische und englische Maßeinheit. Eine Fluid ounce (Flüssigunze) entspricht in den USA 2,95 cl, in Großbritannien 2,84 cl. Abkürzung: fl oz.
Pale (e) »Bleich«, »blass«. Angabe auf Cognac- und Sherry-Etiketten.
Pays d'Auge (f) Calvados-Region mit dem besonderen Status der kontrollierten Ursprungsbezeichnung. Gilt als das Gebiet mit den besten Qualitäten.
Pint (e) Abkürzung: pt. US-amerikanische (0,473 l) und englische (0,568 l) Maßeinheit.
Pot Still (e) Schottisch-irischer Begriff für kupferne zwiebel-, birnen oder lampenförmige Brennblasen für die periodische Destillation. Je nach Bestimmung wird diese als wash oder spirit still bezeichnet. Brennereien, die dreifach destillieren, haben eine intermediate still zwischen wash und spirit still.

Proof Grade (e) In Großbritannien, Kanada und den USA übliche Angabe des Alkoholgehalts von Spirituosen. In Großbritannien bezeichnen 100 ° Proof die Stärke des Proof-Spirit, d. h. 57,15 % vol, gemessen bei 15,56 °C. 1 ° Proof ist rund 0,57 % vol. Reiner Alkohol ist 175 ° Proof. In Kanada und USA bedeuten 100 ° Proof so viel wie 50 % vol und 200 ° Proof reinen Alkohol. Ein Proof ist also genau 0,5 % vol.
Rehoboam Champagner-Flaschengröße mit 4,5 l Inhalt (6 Normalflaschen).
Rye(e) Roggen. Rye Whiskey in den USA.
Single Malt (e) Besagt bei Malt Whisky, dass der Whisky ungemischt ist. Er ist immer das Produkt einer Destillerie oder gar nur eines einzigen Destillationsvorgangs.
Solera (sp) Name für das mehrjährige Sherry-Reifeverfahren (auch bei spanischem Brandy). Das gesamte, meist über 4 oder 5 Fassreihen umfassende System heißt Solera. Die oberen Fassreihen nennt man Criadera, die untere Solera, von suelo = Boden.
Sparkling (e) Schäumend. Sparkling Wine: US-amerikanische Bezeichnung für Champagner, Sekt.
Salmanasar Champagner-Flaschengröße mit 9 l Inhalt (12 Normalflaschen).
Triple Sec (f) »Dreifach trocken«. Bei Likören, z. B. Curaçao, Bezeichnung für gehobene Qualität und einen hohen Alkoholgehalt. Zulässig nur bei Likören aus Zitrusfrüchten.
Vatted Malt (e) Bezeichnet einen Malt Whisky, der aus verschiedenen Sorten gemischt ist.
Vecchia (i) »Alt«. Bei Spirituosen Hinweis auf lange Lagerung.
Vieux – Vieil – Vieille (f) »Alt«. Auf Cognac-, Armagnac- und Calvados-Etiketten. Eine der gesetzlich festgeschriebenen Bezeichnungen für die höchste Alterungsstufe. Aus dem Alterskonto sechs mit mindestens 6 Jahren Reifezeit. Wird auch für Obstbrände verwendet.
Vintage (e) Jahrgang, hauptsächlich bei Champagner, Portwein und Madeira. Vintage werden meist nur aus außergewöhnlichen Weinjahrgängen hergestellt.
V.S.O.P. (e) Bezeichnung bei Cognac, Armagnac und Calvados für mindestens 4 Jahre im Fass gereifte Qualitäten.

V. – Very
S. – Superior
O. – Old
P. – Produkt oder Pale (dt. »ausgezeichnet«, »alt«, »blass«).

Kann bei deutschen Weinbränden nach einer Eichenholzfasslagerung von einem Jahr angegeben werden.
X.O. (e) »Extra Old«. Auf Cognac-, Armagnac- und Calvados-Etiketten. Steht für die höchste anzugebende Altersstufe mit mindestens 6 Jahren Reifezeit – wurde im April 2018 für Cognac auf 10 Jahre angehoben.

COCKTAIL KLASSIKER

# TOP FIFTY CLASSIC DRINKS

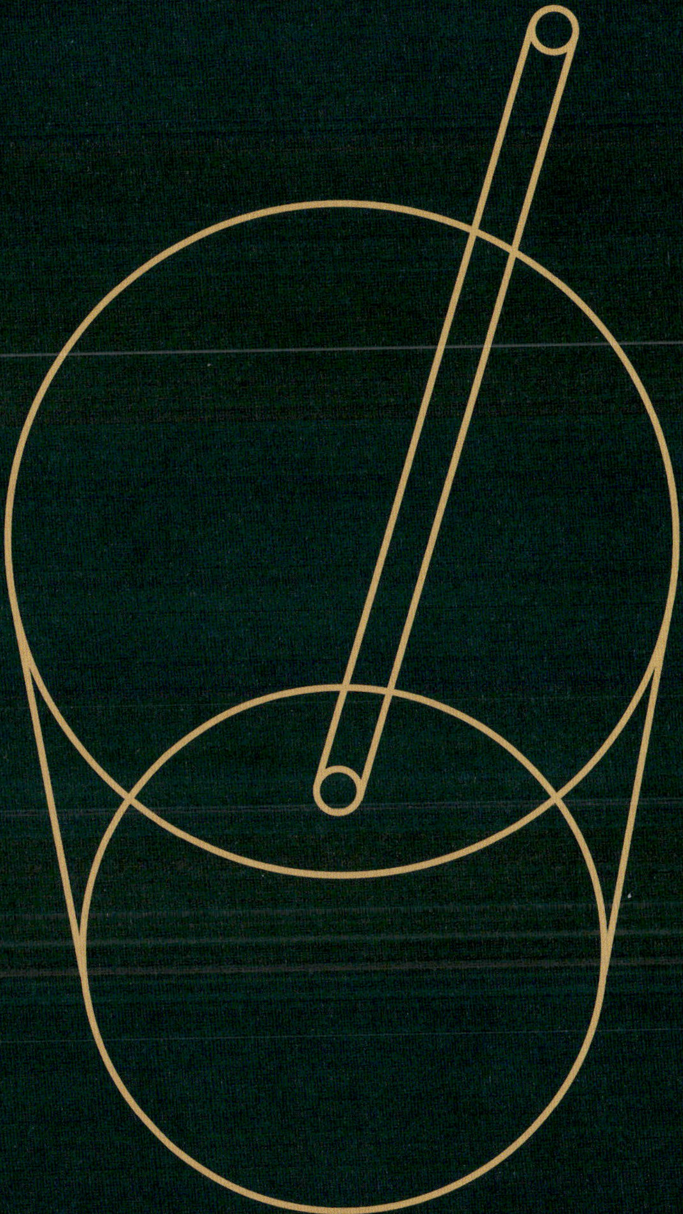

# Die TOP FIFTY CLASSIC DRINKS

Auf den folgenden Seiten sind die erfolgreichsten und wichtigsten Drinks der Cocktail-Geschichte zu finden. Viele der ursprünglichen Rezepte änderten sich im Lauf der Zeit, und einige erfuhren eine Anpassung an den Zeitgeschmack. Diese Top Fifty Classic Drinks wurden nach den Kriterien ihrer Entstehung, ihrer heutigen Präsenz und ihrer Originalität ausgewählt, und die Rezepte stimmen dabei mit der weltweiten Bar-Literatur ziemlich genau überein. Bei vielen Drinks ist der Ursprung bekannt, und auch die Rezepte der Varianten sind genannt.

Die weit über 100 Rezepte dieses Buches decken alle Geschmacksvorlieben ab und bieten eine Auswahl auf dem Niveau einer professionellen Cocktailbar. Von der Mixpraxis über die Barausstattung bis hin zu einer informativen Warenkunde erklärt dieses Buch die Welt der Mixgetränke. Ausführliche Mixanleitungen und Fotografien begleiten die Top Fifty Classic Drinks.

Um das Auffinden der Drinks zu erleichtern, sind diese in Gruppen zusammengefasst. Ein Rezeptregister von A-Z, eines der 50 Klassiker und ein Register der Rezept-Varianten sowie Auflistungen geordnet nach der Hauptbasis und dem Genuss zur richtigen Zeit vereinfachen die Suche (siehe ab Seite 152).

## Dry Cocktails 30

Der klassische herbe Cocktail ist ein Short-Drink, das heißt, vom Volumen her knapp bemessen. Er besteht meist aus nur wenigen Zutaten. In der Regel wird eine Basisspirituose durch die Zugabe von Vermouth, Sherry, Wein-Aperitif usw. abgerundet, oder aber es werden verschiedene Spirituosen, Vermouth, Liköre usw. miteinander vermischt. Zum Teil wird mit Mix-Bitters oder geringen Mengen Sirup aromatisiert. Dry Cocktails sind die klassischen Bargetränke und werden als Before-Dinner-Drinks bevorzugt. Bei der Zubereitung im Rührglas müssen die Zutaten mit Eiswürfeln gut vermischt werden, sollten jedoch nicht verwässern. Als Trinkgläser empfehlen sich kleine kelch- oder schalenförmige Stielgläser, die nach Möglichkeit gekühlt sein sollten.

## Medium Cocktails 40

Diese passen immer und liegen geschmacklich zwischen Dry und Sweet Cocktails. Sie eignen sich als Before-Dinner-Drinks, aber auch zum Abschluss eines Essens. Medium Cocktails werden meist im Shaker, bei Verwendung von frischen Früchten oder gestoßenem Eis, aber auch im Elektromixer zubereitet. Die Basis der klassischen Rezepte bildet in der Regel eine Spirituose, dazu kommen Zitronensaft, Zuckersirup, Likör, Sirup oder auch Fruchtsaft. Medium Cocktails weisen durch ihren Saftanteil ein größeres Volumen als Dry Cocktails auf.

## Sweet Cocktails 56

Dies sind die idealen After-Dinner-Drinks, und man unterteilt sie in zwei Gruppen: Die »milden« bestehen in der Regel aus einer Spirituose, einem Likör und Sahne, die »härteren« meist aus einer Spirituose und einem dazu passenden Likör. Abweichungen sind die Mischungen aus einer Spirituose und einem Likör plus Sahnehaube. Alle genießt man ab dem späten Nachmittag, die »härteren« nach dem Dinner und am Abend. Der berühmteste unter den Sahne-Drinks ist der Brandy Alexander. Viele der klassischen Rezepte bestehen wie er aus einer Spirituose, einem Likör und Sahne. Oftmals werden auch zwei Liköre verwendet oder etwas Fruchtsaft dazugegeben. Drinks mit nur zwei Komponenten zählen ebenfalls zu den großen Klassikern.

## Champagner-/Sekt-Cocktails und -Drinks 68

Die Möglichkeiten, die Champagner und Sekt beim Mixen eröffnen, sind groß. Beide eignen sich – ob leicht aromatisiert, mit Säften und Fruchtpürees oder in Verbindung mit Spirituosen und Likören – je nach Zusammensetzung für viele Gelegenheiten. Die idealen alkoholischen Zutaten sind Cognac, Wein-Aperitifs und Liköre. Die meisten der erfolgreichen Kreationen bestehen aus diesen Verbindungen oder aus Kombinationen untereinander oder auch mit Fruchtsäften. Obwohl es Champagner-Cocktail-Klassiker auf der Basis von Gin und Rum gibt, machen sich diese Spirituosen nicht besonders gut in Verbindung mit Champagner, und auch auf Wodka, Whisky und Obstbrand sollte man verzichten. Ob als leichter Aperitif oder alkoholstarker Cocktail, diese spritzigen Drinks passen zu vielen Tageszeiten. Der zum Mixen verwendete Champagner oder Sekt sollte stets trocken (Brut) und gut gekühlt sein.

## Fancy Drinks 80

Fancy bedeutet Fantasie, und in der Cocktail-Frühzeit wurden Rezepte, die nicht in das klassische Muster »Schütteln und Rühren« passten, als »Fancy Drinks« kategorisiert. Deshalb werden die meist direkt im Glas angerichteten Drinks wie Americano, Bloody Mary, Caipirinha, Moscow Mule etc. in dieser Gruppe geführt. Heutzutage werden diese Drinks jedoch häufig je nach Geschmack, Rezeptur oder Menge auch den klassischen Gruppen zugeordnet.

# Highballs und Longdrinks 96

## HIGHBALLS

Der klassische Highball war eine einfache Mischung aus Whisky oder Brandy mit Eiswürfeln und Sodawasser. Später kam das Ginger Ale dazu und ein längliches Stück Zitronenschale in die Drinks. Im weiteren Sinn zählen heute alle mit kohlensäurehaltigen Limonaden aufgefüllten Drinks zu den Highballs. Dafür hat sich bei uns jedoch der Begriff »Longdrinks« durchgesetzt. Die Möglichkeiten zum »Verlängern« der Spirituosen eröffneten sich mit der Entwicklung neuer Limonaden. Drinks wie Rum mit Cola, Gin mit Tonic Water und Whiskey mit Ginger Ale oder 7up waren in kürzester Zeit weltweit bekannt und beliebt. Durch die Einführung von Bitter Lemon, Ginger Beer und anderen Limonaden kamen im Lauf der Jahre weitere Mischmöglichkeiten dazu. So ist bis heute der berühmte American Blended Whisky Seagram's Seven Crown mit 7up als Seven-Seven in den USA ein feststehender Begriff unter den Bargetränken. Dazu gehört ein »twist of lemon peel«, ein längliches Stück Zitronenschale, das über dem Drink ausgepresst und dann hineingegeben wird. Die Zubereitung der Highballs ist denkbar einfach: Man gibt immer mindestens 4 cl der gewünschten Spirituose mit Eiswürfeln in ein Highball-/Longdrinkglas, die dazugehörende Limonade wird separat serviert. Bei Gin-, Wodka- und Rum-Drinks gibt man eine halbe Zitronenscheibe dazu.

## LONGDRINKS

In der heutigen Zeit bezeichnet man im deutschsprachigen Raum alle Mixgetränke mit größeren Flüssigkeitsmengen als »Longdrink«. In den englischsprachigen Ländern existiert die Bezeichnung Longdrink nicht und »Highball« steht auch für Drinks in größeren Gläsern. Jedoch muss man grundlegend zwischen den kohlensäurehaltigen Highball-Mischungen und den gemixten Longdrinks unterscheiden. Diese sogenannten Longdrink-Rezepte umfassen unzählige Grundrichtungen, da die verschiedenen Spirituosen, Liköre, Sirupe, Creams und Säfte fast unendlich viele Möglichkeiten zum Mixen bieten. Die meistverwendeten und auch idealen Basisspirituosen sind dabei Gin, Rum und Wodka.

# Sours – Fizzes – Collinses 116

## SOURS

Die Sours zählen zu den ursprünglichsten Mixgetränken, und ihren Namen verdankt diese Gruppe dem geschmacksprägenden Zitronensaft. Der klassische Sour wird bis heute mit US-Whiskey gemixt. Wie bei jedem erfolgreichen Rezept versuchte man auch hier, durch Verwendung anderer Spirituosen neue Varianten zu kreieren. Da Zitrone und Zucker mit Spirituosen eine ideale Verbindung eingehen, etablierten sich neben dem Whisky Sour viele weitere Sour-Rezepte. Man serviert sie in kleinen, leicht bauchigen Sektkelchen, kann sie aber auch im kleinen Tumbler »on the rocks« anrichten. Garniert wird dabei immer mit einer halben Orangenscheibe und einer Cocktailkirsche.

## FIZZES

Die Fizzes zählen zu den berühmtesten Bargetränken. Speziell der Gin Fizz war schon in der Frühzeit des Mixens in Deutschland ein Klassiker. Wenn auch die große Ära der Fizzes vorbei ist, so genießt der Gin Fizz, als absoluter Anführer dieser Gruppe, immer noch große Bekanntheit. Neben ihm wurden der Whisky, Brandy, Silver (mit Eiweiß) und Golden Fizz (mit Eigelb) bereits vor 1900 in US-amerikanischen Cocktailbüchern in der heutigen Zusammensetzung aufgeführt. Fizzes haben – wie alle großen Klassiker der Cocktailgeschichte – eine einfache Struktur. Sie bestehen in der Regel aus einer Spirituose, Zucker und Zitronensaft. Diese Zutaten werden lange und kräftig geschüttelt. Dann gießt man die Mischung in ein mittelgroßes Becherglas ab und füllt mit kaltem Sodawasser auf. Die Fizzes werden ohne Garnitur und ohne den früher gerne aufgelegten Zuckerrand angerichtet.

## COLLINSES

Der Collins weist eine nahe Verwandtschaft zum Fizz auf. Der bekannteste Collins, der Tom Collins, geht wie auch der John Collins auf bereits vor 1900 bekannte Rezepturen zurück. Der Tom Collins wurde damals mit dem leicht gesüßten Old Tom Gin, der John Collins mit dem Genever-ähnlichen, trockeneren Holland-Gin gemixt. In der heutigen Zeit, die fast ausschließlich den London-Dry-Gin-Typ kennt, stellt sich die Frage Tom oder John Collins nicht mehr. Beide Namen sind dem mit London Dry Gin zubereiteten Collins vorbehalten.

Noch etwas zur Zubereitung
Bei seiner Entstehung wurde der Collins direkt im Glas angerichtet. Diese Zubereitungsart hält sich bis heute hartnäckig, doch ist es jedem Profi und auch jedem Amateur bekannt, dass korrektes Schütteln für eine bessere Vermischung und Kühlung sorgt. International – vor allem im englischen Sprachraum – ist man längst zu dieser Zubereitungsart übergegangen. Überhaupt werden ja in der Regel alle Drinks, die Saft enthalten, geschüttelt. Käme jemand auf die Idee, einen Fizz oder einen Sour, die ja aus den gleichen Zutaten bestehen, im Glas anzurichten, so stieße er auf Unverständnis und hätte Schwierigkeiten, seine Entscheidung für diese Zubereitungsart zu erklären.

# Hot Drinks – Flips – Alkoholfreie Mixdrinks 122

## HOT DRINKS

Die Bezeichnung »Hot Drinks« steht als Oberbegriff für heiße Mischgetränke. Vielerlei Spirituosen und Liköre eignen sich zum Genuss in Verbindung mit Kaffee, Tee, Kakao, Milch oder heißem Wasser. So auch Wein, der außer als Glühwein viele Möglichkeiten zur Bereitung heißer Getränke bietet. Schon immer versuchte man, den Körper in der Kälte des Winters mit heißen Getränken zu wärmen, und so reichen die ersten Rezepte auch zeitlich weit zurück. Dabei bürgerten sich Begriffe und Namen ein, die heute für eine Gruppe von Drinks mit einer bestimmten Zubereitungsart oder die verwendeten Zutaten stehen. Die bekanntesten sind »Grog«, »Punsch« und »Toddy«.

## FLIPS

Flips sind bekömmliche, magenfreundliche Mixgetränke, die immer ein Eigelb enthalten. Die Klassiker unter ihnen, wie etwa der Port-Sherry- oder der Brandy Flip, mixte man früher lediglich mit Eigelb und etwas Zucker. Der Flip wurde auch bei uns in vielen Varianten bekannt und erfuhr durch das Weglassen des Eiweiß eine erste Modernisierung. In meinem 1982 erschienenen Buch »Gourmet Mix Guide« fügte ich den Flip-Rezepten erstmals Sahne zu und verstärkte die Südwein-Flips mit Cognac. So wurden die Flips sämiger und durch den Cognac auch etwas intensiver. Diese Aufwertung hat sich allgemein durchgesetzt, und heute werden Flips meist mit Sahne gemixt. Mit einem Flip lassen sich die späten Vormittags- und Nachmittagsstunden bis zu den Mahlzeiten überbrücken.

Flips schüttelt man mit großen Eiswürfeln kurz und kräftig und gießt sie dann in mittelgroße Stielgläser oder Sektkelche ab. Auf alle Flips wird Muskatnuss gerieben.

## ALKOHOLFREIE MIXDRINKS

Ihre Basis sind meist Fruchtsäfte und Sirup. Doch auch Sahne, Milch, Speiseeis und pürierte Früchte werden verwendet. In der Regel sind die »Alkoholfreien« Longdrinks, und ihre Geschmacksskala reicht von süß bis herb-sauer. Während man bis in die 1980er-Jahre lediglich ein paar armselige Mischungen von Limonaden mit Sirup kannte, haben die »Alkoholfreien« inzwischen eine enorme Vielfalt erzielt und sich einen festen Platz auf den Getränkekarten erobert. Nicht nur dem Gesundheitsbewusstsein (und der Angst um den Führerschein!) ist dieser Aufschwung zu verdanken, maßgebend war das wachsende Angebot an Säften und neuartigen Sirups, die diese Entwicklung erst ermöglichten.

# Martini Cocktail

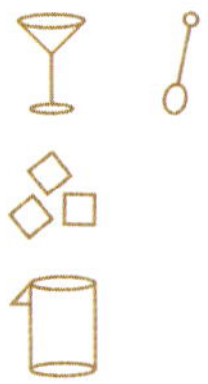

Trinkt man:
als Before-Dinner-Drink, am Abend
Geschmack:
sehr herb, alkoholstark

5 cl Gin
1 cl Vermouth Dry
1-3 grüne Oliven mit Stein oder
1 Stück Zitronenschale

ZUBEREITUNG:

In ein Rührglas trockene Eiswürfel geben. Gin und Vermouth dazugießen und mit einem Barlöffel gut vermischen. Dann in ein vorgekühltes Cocktailglas abgießen. Ein bis drei grüne Oliven dazugeben oder mit einer Zitronenschale abspritzen.

VARIANTEN:

**Gibson** – mit kleinen Cocktail-Onions anstelle von Oliven
**Vodka Martini / Vodkatini** – mit Wodka anstelle von Gin
**Gin & It** – 4 cl Gin, 2 cl Vermouth Rosso, Orangenschale
**Perfect Cocktail** – 2 cl Gin, 2 cl Vermouth Dry, 2 cl Vermouth Rosso, Zitronenschale
**Claridge** – 2 cl Gin, 2 cl Vermouth Dry, 1 cl Cointreau, 1 cl Apricot Brandy

GESCHICHTE:

Sein Ursprung als Martinez Cocktail findet sich bereits in den ersten US-amerikanischen Rezeptbüchern der 1880er-Jahre. Er wurde in seiner Entstehungszeit mit etwas Sirop de Gomme (spez. Zuckersirup), Mix-Bitter, Maraschino, Curaçao oder Absinth aromatisiert, und das Verhältnis Gin/Vermouth war ausgeglichen. Im Laufe der Jahrzehnte verringerte sich der Vermouth-Anteil, und aus der bis in die 1960er-Jahre üblichen Version mit 2/3 Gin und 1/3 Vermouth entwickelte sich ein Drink, dem inzwischen fast kein Vermouth mehr zugefügt wird.

# Manhattan

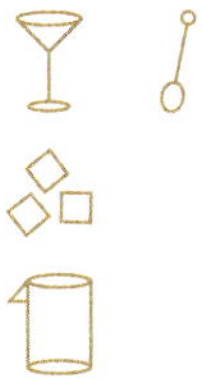

Trinkt man:
als Before-Dinner-Drink, am Abend
Geschmack:
herb, alkoholstark

4 cl Canadian Whisky
2 cl Vermouth Rosso
2 Spritzer Angostura

ZUBEREITUNG:

In ein Rührglas mit Eiswürfeln geben, gut vermischen und in ein gekühltes Cocktailglas abgießen. Die Beigabe einer Cocktailkirsche ist obligatorisch, aber auch das zusätzliche Abspritzen mit einer Zitronenschale ist nicht verkehrt.

VARIANTEN:

**Rob Roy** – Scotch Whisky anstelle von Canadian Whisky
**Perfect Manhattan** – 4 cl Canadian Whisky, 1 cl Vermouth Rosso, 1 cl Vermouth Dry, 2 Spritzer Angostura
**Bobby Burns** – 4 cl Scotch Whisky, 2 cl Vermouth Rosso, 1 cl Drambuie, Orangenschale
**Affinity** – 3 cl Scotch Whisky, 2 cl Vermouth Rosso, 2 cl Vermouth Dry, 1 Spritzer Angostura, Zitronenschale

GESCHICHTE:

Dieser Drink wurde schon in den ersten US-Barbüchern der 1880er-Jahre erwähnt, und das damalige Rezept ist bis heute fast unverändert. In seiner Frühzeit wurde er zusätzlich mit einem Spritzer Sirop de Gomme, Orange Bitter oder auch mit Absinth gemixt. Die große Zeit dieses – nach dem Martini Cocktail – berühmtesten US-Cocktail-Klassikers begann in den 1930er-Jahren, und seither wird er weltweit in jeder Bar angeboten.

# Rose

Trinkt man:
als Before-Dinner-Drink, am Abend
Geschmack:
herb

3 cl Kirschwasser
3 cl Vermouth Dry
1 Barlöffel Grenadine

ZUBEREITUNG:

Kirschwasser und Vermouth im Rührglas mit Eiswürfeln gut vermischen. Während des Rührens so viel Grenadine dazugeben, bis der Drink roséfarben ist. In ein gekühltes Cocktailglas abgießen und eine Cocktailkirsche dazugeben.

VARIANTEN:

Mit 4 cl Dry Vermouth, 2 cl Kirschwasser, 1 Barlöffel Grenadine
Mit 4 cl Dry Vermouth, 1 cl Kirschwasser, 1 cl Johannisbeersirup
Mit 4 cl Gin, 2 cl Vermouth Dry, 2 cl Cherry Brandy

GESCHICHTE:

Entstand in den 1920er-Jahren und ist ab 1930 in Cocktailbüchern zu finden. Die Rezepte variieren stark, es sind jedoch immer roséfarbene herbe Short Drinks.

# Gimlet

Trinkt man:
als Before-Dinner-Drink, am Abend
Geschmack:
herb

4 cl Gin
2 cl Rose's Lime Juice

ZUBEREITUNG:

Mit Eiswürfeln im Rührglas gut vermischen, in ein gekühltes Cocktailglas abgießen und mit einer Limettenscheibe oder -schale garnieren. Das Verhältnis zwischen Gin und Lime Juice bestimmt der persönliche Geschmack.
Wie bei vielen Mixdrinks versucht man, auch den Gimlet zu verbessern, und vielfach wird das Rezept heute zusätzlich mit etwas Limettensaft gemixt.

VARIANTEN:

**Wodka Gimlet** – mit Wodka
**Rum Gimlet** – mit weißem Rum
**Tequila Gimlet** – mit weißem Tequila

GESCHICHTE:

Auch bei diesem fantastischen Before-Dinner-Drink ist die Herkunft seines Namens nicht ganz klar. Die wahrscheinlichste Geschichte verweist auf die englische Marine und den Schiffsarzt Thomas Gimlette. Dieser soll in tropischen Breiten zur Vorbeugung gegen Malaria und Skorbut die Zugabe von Rose's Lime Juice zum Gin empfohlen haben. Rose's Lime Juice (der eigentlich ein Konzentrat ist) war im Jahr 1865 der erste konservierte Fruit Drink überhaupt. Eine Namensgleichheit besteht mit einem zum Öffnen von Fässern benötigten Handbohrer mit Gewinde, dessen Existenz jedoch keinen Bezug zu dem Drink besitzt.

# Adonis

Trinkt man:
als Before-Dinner-Drink, am Abend
Geschmack:
herb

4 cl Fino Sherry
2 cl Vermouth Rosso
2 Spritzer Orange Bitter

ZUBEREITUNG:

In ein mit Eiswürfeln gefülltes Rührglas geben, gut vermischen und in ein gekühltes Cocktailglas abgießen. Mit einer Zitronenschale abspritzen und diese dazugeben.

VARIANTEN:

**Bamboo** – 4 cl Fino Sherry, 2 cl Vermouth Dry, 2 Spritzer Orange Bitter, Orangenschale
**Brandy Fino** – 2 cl Cognac/Brandy, 2 cl Fino Sherry, 2 cl Drambuie
**Betsy Ross** – 3 cl Cognac, 3 cl Tawny Port, ½ cl Cointreau, 1 Spritzer Angostura

GESCHICHTE:

Dieser leichte Aperitif-Cocktail war schon in der Frühzeit der US-Cocktailgeschichte bekannt und erlebte in den 1950-/60er-Jahren eine Renaissance.

# Sidecar

Trinkt man:
am späten Nachmittag, am Abend
Geschmack:
herb-süß, zitronig

4 cl Cognac
2 cl Cointreau
2 cl Zitronensaft

ZUBEREITUNG:

Im Shaker mit Eiswürfeln schütteln und in ein Cocktailglas abgießen. Mit einer dünnen Zitronenspirale garnieren.

VARIANTEN:

Vorläufer dieser Drei-Komponenten-Drinks war der Whisky Sour. Bei diesen edleren Varianten wurde der Zucker durch Liköre ersetzt. Neben dem Sidecar zählt die White Lady zu den berühmtesten Kreationen der damaligen Zeit.

GESCHICHTE:

Dieser Drink soll nach einem exzentrischen englischen Captain benannt sein. Dieser ließ sich in Paris zu Beginn der 1920er-Jahre in einem Motorrad-Seitenwagen zu seiner Bar fahren – daher erhielt seine bevorzugte Cocktailrezeptur diesen Namen. Sein Ursprung liegt im Dunkel der Cocktailgeschichte. Die meisten Quellen nennen Frank Meier, den legendären Barkeeper des Hotels Ritz in Paris.

# Margarita

Trinkt man:
am späten Nachmittag, am Abend
Geschmack:
herb, zitronig, salzig

4 cl Tequila Silver (Blanco, Plata)
2 cl Cointreau oder Curaçao Triple Sec
2 cl Zitronensaft

ZUBEREITUNG:

Den Rand eines Margarita-Glases in einem Zitronenviertel drehen und in eine mit Salz gefüllte Schale tupfen. Das nicht haftende Salz durch leichtes Klopfen am Glas entfernen. Die drei Zutaten mit Eiswürfeln im Shaker schütteln und in das präparierte Glas abgießen.

VARIANTEN:

**Blue Margarita** – der Cointreau/Curaçao Triple Sec wird durch Blue Curaçao ersetzt.
**Elegante Margarita** – zum Original kommt etwas Lime Juice Cordial.
**Strawberry Margarita** – zusätzlich mit Erdbeerlikör oder Erdbeerpüree
**Mango Margarita** – zusätzlich mit Mangolikör oder Mangopüree
**Peach Margarita** – zusätzlich mit Pfirsichlikör oder Pfirsichpüree

GESCHICHTE:

Das heutzutage in Mexiko nicht mehr übliche Trinkritual mit der Reihenfolge Salz, Tequila, Zitrone hatte seinen Ursprung darin, dass dadurch Tequilas geringerer Qualität trinkbarer wurden. Heute wird es in Mexiko nur noch für Touristen praktiziert, außerhalb des Landes ist diese Verbindung jedoch weiterhin populär. Alle Tequilas (auch die preisgünstigen) sind heute von besserer Qualität und zum Pur-Trinken geeignet. Von dieser alten Trinksitte war der Weg zum Salzrand am Glas nicht weit. Das Rezept und der Name sollen auf einen Barmixer der 1950er-Jahre zurückgehen, der den Drink nach seiner Freundin benannte.

# Cosmopolitan

Trinkt man:
am späten Nachmittag, am Abend
Geschmack:
herb, säuerlich

4 cl Wodka
1,5 cl Cointreau
4 cl Cranberrynektar
1 cl Limettensaft

ZUBEREITUNG:

Im Shaker mit Eiswürfeln schütteln und in eine Cocktailschale abgießen. Eine dünne, spiralförmig geschnittene Limettenschale dazugeben. Die Rezeptur dieses Drinks ändert sich von Bar zu Bar und von Buch zu Buch. Egal wie, die vier Zutaten sind immer die gleichen, und das Mengenverhältnis sollte man seinem persönlichen Geschmack anpassen.

VARIANTEN:

**Cointreaupolitan** – 5 cl Cointreau, 3 cl Cranberrynektar, 2 cl Limettensaft
**Cointreauversial** – 4 cl Cointreau, 2 cl Lime Juice Cordial, 1 cl Cranberrynektar

GESCHICHTE:

Dieser relativ junge Cocktail entstand in den späten 1990er-Jahren in New York und wurde durch die erfolgreiche, sechs Jahre laufende US-Fernsehserie Sex and the City bekannt. Die Hauptdarstellerinnen waren vier junge Frauen, die bei ihren Treffen diesen Drink bevorzugten.

# Daiquiri

Trinkt man:
am späten Nachmittag, am Abend
Geschmack:
herb, säuerlich

5 cl weißer Cuba-Rum
3 cl Limetten- oder Zitronensaft
2 cl Zuckersirup

## ZUBEREITUNG:

Mit Eiswürfeln im Shaker schütteln und in eine Cocktailschale abgießen.

## VARIANTEN:

**Hemingway Daiquiri** – zusätzlich 2 cl Grapefruitsaft und 1 cl Maraschino
**Strawberry Daiquiri** – zusätzlich mit Erdbeerlikör oder Erdbeerpüree
**Banana Daiquiri** – zusätzlich mit Bananenlikör oder Bananenpüree
**Peach Daiquiri** – zusätzlich mit Pfirsichlikör oder Pfirsichpüree
**Mango Daiquiri** – zusätzlich mit Mangolikör oder Mangopüree

## GESCHICHTE:

Benannt wurde er nach einer gleichnamigen kleinen Ansiedlung in der Nähe von Santiago de Cuba. Dort war der US-amerikanische Ingenieur Jennings Cox um das Jahr 1890 in einer Kupfermine tätig. Cox mixte seinen Besuchern aus den einheimischen Produkten Rum, Limettensaft und Zucker Drinks, für die sich der Name »Daiquiri« einbürgerte. Eine Steigerung erfuhr der Drink durch den berühmten Barman Constantino »Constante« Ribailagua in der berühmtesten Bar Kubas, der »La Floridita«-Bar in Havana. Er kreierte 1912 den ersten Frozen Daiquiri. Dafür wird der Drink mit crushed ice im Elektromixer zubereitet.
Wie bei jedem populären Rezept versuchte man, auch den Daiquiri zu toppen oder Neues darauf aufzubauen. Dies war bei der einfachen Rezeptur des Daiquiri leicht möglich, und durch die Zugabe von Früchten schuf man einige ebenfalls berühmt gewordene Varianten.

# Cherry Blossom

Trinkt man:
am späten Nachmittag, am Abend
Geschmack:
fruchtig, süß-säuerlich

2 cl Cognac
2 cl Kirschlikör
2 cl Cointreau
1 cl Zitronensaft

ZUBEREITUNG:

Mit Eiswürfeln im Shaker schütteln und in ein Cocktailglas abgießen. Eine Cocktailkirsche dazugeben.

VARIANTEN:

Mit 2 cl Cognac, 2 cl Kirschlikör, 1 cl Cointreau, 1 cl Grenadine, 2 cl Zitronensaft
**Golden Dawn** – 2 cl Gin, 2 cl Calvados, 2 cl Apricot Brandy, 2 cl Orangensaft. 1 cl Grenadine auf den fertigen Drink geben.
**Between the Sheets** – 2 cl Cognac, 2 cl weißer Rum, 2 cl Cointreau, 1 cl Zitronensaft
**Jack Rose** – 4 cl Calvados, 2 cl Zitronensaft, 1 cl Grenadine

GESCHICHTE:

Ein Rezept der Nach-Prohibitions-Ära in den USA. In der Zeit nach 1933 bestand ein riesiger Aufholbedarf, und damit begann das wahre Cocktail-Zeitalter. Mit den nun wieder erhältlichen alkoholischen Getränken wurde experimentiert wie nie zuvor, und viele der damals bekannt gewordenen Drinks zählen heute zu den Klassikern. Auch die Rezepturen der Varianten geben einen Hinweis auf die damaligen Geschmacksvorlieben.

# Red Lion

Trinkt man:
am späten Nachmittag, am Abend
Geschmack:
fruchtig, mittelstark

3 cl Gin
2 cl Grand Marnier
1 cl Zitronensaft
4 cl Orangensaft

ZUBEREITUNG:

Mit Eiswürfeln im Shaker schütteln und in eine Cocktailschale abgießen. Eine halbe Orangenscheibe an den Glasrand stecken.

VARIANTEN:

**Golden Girl** – 3 cl Wodka, 3 cl Apricot Brandy, 6 cl Orangensaft, Cocktailkirsche
**Flamingo** – 4 cl Gin, 2 cl Apricot Brandy, 2 cl Zitronensaft, 1 Barlöffel Grenadine

GESCHICHTE:

Der Red Lion wurde in den 1930er-Jahren mit Booth's Gin entwickelt, und auf den Booth's-Gin-Etiketten war immer mindestens ein roter Löwe abgebildet. Der Name hat also nichts mit der Farbe des Drinks zu tun. Um dem Namen farblich gerecht zu werden, wird dem Original in neuerer Zeit oftmals etwas Grenadine hinzugefügt.

# Scarlett O'Hara

Trinkt man:
am späten Nachmittag, am Abend
Geschmack:
herb, fruchtig, mittelstark

5 cl Southern Comfort
5 cl Cranberry Juice oder Preiselbeersaft
2 cl frisch gepresster Limettensaft

ZUBEREITUNG:

Mit Eiswürfeln im Shaker schütteln und in eine gekühlte Cocktailschale abgießen. Nach Belieben mit einer Limettenschalenspirale oder einer Limettenscheibe garnieren.

VARIANTEN:

**Scarlett O'Hara (Longdrink-Version)** – 5 cl Southern Comfort,
12 cl Cranberry Juice oder Preiselbeersaft, ¼ Limette
In ein Longdrinkglas einige Eiswürfel geben. Den Southern Comfort dazugießen, das Limettenviertel darüber ausdrücken und dazugeben. Mit Cranberry Juice oder Preiselbeersaft auffüllen und umrühren.

GESCHICHTE:

Ein Spitzenplatz unter den berühmtesten Drinks gebührt dem Scarlett O'Hara. Benannt wurde er nach der Schauspielerin Vivien Leigh, die 1939 im erfolgreichsten Film aller Zeiten, in Gone with the Wind (»Vom Winde verweht«) die Scarlett spielte. Vivien Leigh liebte Southern Comfort, und jeder Barmixer in den USA kannte in dieser Zeit das Rezept – mit ein Grund für den Ruhm und die Bekanntheit des Southern Comfort.

# White Lady

Trinkt man:
am späten Nachmittag, am Abend
Geschmack:
herb, zitronig

4 cl Gin
2 cl Cointreau
2 cl Zitronensaft

ZUBEREITUNG:

Im Shaker mit Eiswürfeln schütteln und in eine Cocktailschale abgießen. Ob 4-2-2 oder 3-3-3, dieses einfache Rezept zählt auf jeden Fall zu den großen Drinks.

VARIANTEN:

**Blue Lady** – mit Blue Curaçao anstelle von Cointreau
**Kamikaze** – 4 cl Wodka, 2 cl Cointreau, 2 cl Limettensaft, Limettenscheibe

GESCHICHTE:

Die White Lady ist – wie auch der Cognac-Double Sidecar – ein großer Klassiker der 1920er-Jahre, und die Urheberschaft beanspruchten mehrere Barmixer dieser Zeit. Oft wird Harry MacElhone, Inhaber der »Harry's New York Bar« in Paris, als Urheber genannt. Dem widerspricht jedoch die Tatsache, dass in seinem Buch »ABC of Mixing Cocktails«, in einer nach 1950 erschienenen Ausgabe die White Lady noch mit einer völlig anderen Rezeptur zu finden ist. Man kann sich hier kaum festlegen, denn derjenige, der das Rezept zuerst veröffentlichte, musste nicht unbedingt auch der Erfinder gewesen sein.

# Brandy Alexander

Trinkt man:
am späten Nachmittag, am Abend
Geschmack:
cremig mit einer Spur Süße

4 cl Cognac
2 cl Crème de Cacao Braun
4 cl Sahne

ZUBEREITUNG:

Mit Eiswürfeln im Shaker schütteln und in eine Cocktailschale abgießen. Etwas Muskatnuss darüberreiben.

VARIANTEN:

**Amaretto Alexander** – 3 cl Brandy, 3 cl Amaretto, 4-6 cl Sahne
**Baked Almonds** – 3 cl Amaretto, 3 cl Crème de Cacao Braun, 4-6 cl Sahne
**Coffee Alexander** – 2 cl Cognac, 4 cl Kaffeelikör, 4-6 cl Sahne
**Gin Alexander** – mit 4 cl Gin, 2 cl Crème de Cacao Weiß, 4 cl Sahne
**Sweet Maria** – 3 cl Wodka, 3 cl Amaretto, 4-6 cl Sahne
**Barbara** – 4 cl Wodka, 2 cl Crème de Cacao Braun, 4 cl Sahne
**Rum Alexander** – 4 cl brauner Rum, 2 cl Crème de Cacao Braun, 4-6 cl Sahne

GESCHICHTE:

Ursprünglich wurde er mit Gin anstelle von Cognac gemixt, dann hat sich doch die Brandy-Version durchgesetzt, und diese ist heute der bekannteste und beliebteste After-Dinner-Drink. Ob man der angegebenen Rezeptur folgt oder mehr oder weniger Sahne verwendet, bestimmt der persönliche Geschmack. Wann der Brandy Alexander »erfunden« wurde, ist nicht bekannt, doch in Rezeptbüchern der 1920er-Jahre ist er bereits erwähnt. Für Cognac ist in den USA die Bezeichnung Brandy geläufig, und daher rührt auch der Name.

# B and B

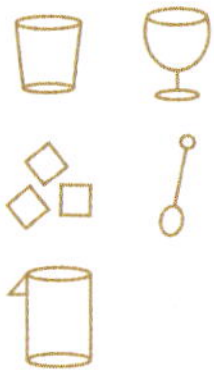

Trinkt man:
am späten Nachmittag, am Abend
Geschmack:
kräftig, würzig

2 cl Cognac (Brandy)
2 cl Bénédictine Liqueur

ZUBEREITUNG:

Hier bieten sich mehrere Arten der Zubereitung an:
1. Cognac und Bénédictine in einen Cognacschwenker geben.
2. Cognac und Bénédictine mit Eiswürfeln im Rührglas mischen und in einen Schwenker oder
3. in einen kleinen Tumbler mit Eiswürfeln abgießen.

VARIANTEN:

**Rusty Nail** – 4 cl Scotch Whisky, 2 cl Drambuie Whisky Liqueur
**Stinger** – 4 cl Cognac, 2 cl Crème de Menthe Weiß
**Ginger Rogers** – 3 cl Cognac, 3 cl roter Portwein
**Alaska** – 4 cl Gin, 2 cl Chartreuse Gelb

GESCHICHTE:

Wurde in den 1930er-Jahren in den USA bekannt und entwickelte sich zu einem der bekanntesten After-Dinner-Drinks. Beim B and B – wie auch bei den oben stehenden Varianten – verbinden sich beide Zutaten zu einem außergewöhnlichen Geschmackserlebnis. Die Herstellerfirma von Bénédictine bietet B and B auch bereits fertig gemischt an.

# White Russian

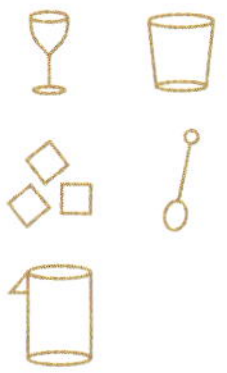

Trinkt man:
am späten Nachmittag, am Abend
Geschmack:
mild, cremig

4 cl Wodka
2 cl Kahlúa Coffee Liqueur
leicht geschlagene Sahne

## ZUBEREITUNG:

Wodka und Kahlúa im Rührglas mit Eiswürfeln vermischen und in ein kleines Stielglas oder einen kleinen Tumbler mit oder ohne Eiswürfel abgießen. Etwas leicht geschlagene Sahne als Haube daraufsetzen.

## VARIANTEN:

**Black Russian** – ohne Sahne
**Mont Blanc** – 3 cl Cognac, 3 cl Cointreau, leicht geschlagene Sahne
**Matterhorn** – 3 cl Wodka, 3 cl Schokoladenlikör, leicht geschlagene Sahne
**Swiss Kiss** – 3 cl Kirschwasser, 3 cl Schokoladenlikör, leicht geschlagene Sahne
**Kopfnuss** – 3 cl Wodka, 3 cl Nusslikör, leicht geschlagene Sahne

## GESCHICHTE:

Der mexikanische Kahlúa ist die international größte Kaffeelikör-Marke und die drittgrößte Likörmarke der Welt. Kahlúa gibt es seit 1936, und großen Anteil an seinem Erfolg hatte der einfache und geniale After-Dinner-Drink Black Russian. Er entstand im Jahr 1949, und ihm folgte 1955 der White Russian.

# Blue Hawaii

Trinkt man:
am späten Nachmittag, am Abend
Geschmack:
mild, cremig

2 cl weißer Rum
2 cl Cointreau
2 cl Blue Curaçao
4 cl Sahne

## ZUBEREITUNG:

Im Shaker mit Eiswürfeln schütteln und in eine Cocktailschale abgießen. Glasrand mit einem Stückchen Orangenschale dekorieren.

## VARIANTEN:

**Velvet Hammer** – 4 cl Cointreau, 2 cl Crème de Cacao Weiß, 4 cl Sahne, Kakaopulver
**White Cloud** – 4 cl Wodka, 2 cl Crème de Cacao Weiß, 2 cl Sahne, 2 cl Cream of Coconut
**Sweet Girl** – 3 cl Gin, 3 cl Apricot Brandy, 4 cl Sahne

## GESCHICHTE:

Wie bei jedem erfolgreichen Drink entwickelten sich auch auf der Basis des Brandy Alexander zahlreiche weitere Drinks. Die Rezeptur des Blue Hawaii und der oben genannten Drinks zeigen die vielfältigen Kombinationsmöglichkeiten auf, und alle zählen heute zu den bekanntesten Sahne-Drinks.

# Golden Cadillac

Trinkt man:
am späten Nachmittag, am Abend
Geschmack:
mild, cremig

3 cl Galliano Vanilla
3 cl Crème de Cacao Weiß
4 cl Sahne

ZUBEREITUNG:

Im Shaker mit Eiswürfeln schütteln und in eine Cocktailschale abgießen.

VARIANTEN:

**Golden Dream** – 3 cl Galliano Vanilla, 3 cl Cointreau, 3 cl Orangensaft, 3 cl Sahne
**Orange Cadillac** – 3 cl Galliano Vanilla, 3 cl Crème de Cacao Weiß, 3 cl Orangensaft, 3 cl Sahne
**Banana Italiano** – 3 cl Galliano Vanilla, 3 cl Crème de Bananes, 4 cl Sahne
**Golden Torpedo** – 3 cl Galliano Vanilla, 3 cl Amaretto, 4 cl Sahne

GESCHICHTE:

Wurde in den USA in den 1960er-Jahren bekannt und begleitete dort zusammen mit dem Golden Dream die Markteinführung des Galliano.

# Grasshopper

Trinkt man:
am späten Nachmittag, am Abend
Geschmack:
mild, cremig

3 cl Crème de Menthe Grün
3 cl Crème de Cacao Weiß
4-6 cl Sahne

ZUBEREITUNG:

Im Shaker mit Eiswürfeln schütteln und in eine Cocktailschale abgießen. Mit Minzeblättern dekorieren.

VARIANTEN:

**Coffee Grasshopper** – 3 cl Crème de Menthe Weiß, 3 cl Kaffeelikör, 4-6 cl Sahne, Minzeblatt
**Alexander's Sister** – 3 cl Gin, 3 cl Crème de Menthe Grün, 4-6 cl Sahne, Minzcblatt
**White Banana** – 3 cl Crème de Menthe Weiß, 3 cl Crème de Bananes, 4-6 cl Sahne, Minzeblatt

GESCHICHTE:

Nach dem Brandy Alexander der bekannteste US-Sahnedrink. In der Bar-Literatur wird seine Entstehung um 1950 vermutet. Anfangs als Pousse Café – also im Glas geschichtet – erwähnt, später folgte die geschüttelte Version.

# Kir Royal

Trinkt man:
als Aperitif, am Nachmittag
Geschmack:
fruchtig, spritzig

1 cl Crème de Cassis
10 cl kalter Champagner

ZUBEREITUNG:

Den Cassis in ein Champagnerglas geben und mit kaltem Champagner aufgießen.

VARIANTEN:

**Kir** – Crème de Cassis mit weißem Burgunderwein (Aligoté)

GESCHICHTE:

Um den burgundischen Domherrn und Politiker Félix Kir (1876-1968) zu ehren, erhielt dieser köstliche Aperitif seinen Namen. Ursprünglich wurde er mit weißem Burgunderwein gemischt, doch bald folgte die noble Champagner-Variante. Die 1985 gestartete gleichnamige Fernsehserie machte den Kir Royal auch in Deutschland bekannt. Cassis ist der französische Name für die schwarze Johannisbeere und den daraus hergestellten Likör. Neben dem Wein ist er die zweite große Spezialität Burgunds.

# Bellini

Trinkt man:
als Aperitif, am Nachmittag
Geschmack:
fruchtig, spritzig

Püree aus weißen Pfirsichen
kalter Spumante/Sekt

ZUBEREITUNG:

Etwas Pfirsichpüree in ein Champagnerglas geben und langsam mit kaltem Schaumwein auffüllen. Leicht umrühren.

VARIANTEN:

**Rossini** – mit Erdbeerpüree
**Mimosa** – mit Orangensaft

GESCHICHTE:

Giuseppe Cipriano (1900-1980) eröffnete 1931 in Venedig die Harry's Bar, und auf ihn geht diese einfache Rezeptur (1943) zurück. Die Bar in Venedig steht in keiner Verbindung mit der Harry's New York Bar in Paris. Zum Namen für seinen Drink wurde Cipriano von dem venezianischen Maler Giovanni Bellini (1430-1516) inspiriert.

# Max Joseph

Trinkt man:
als Aperitif, am Abend
Geschmack:
frisch, aromatisch, spritzig

2 Spritzer Orange Bitter
2 cl Calvados
1 cl trockener weißer Portwein
1 cl Apricot Brandy
10 cl kalter Brut Champagner

ZUBEREITUNG:

Die Zutaten – ohne den Champagner – in einem Rührglas mit Eiswürfeln vermischen und in eine Cocktailschale abgießen. Mit Champagner auffüllen. Eine Amarena-Kirsche hineingeben, den Drink mit Orangenschale abspritzen und eine Orangenspirale über den Glasrand hängen.

VARIANTEN:

**Gabriela** – 2 cl Monin Triple Lime Liqueur, 1 cl Calvados, 1 cl Tawny Port, 10 cl kalter Brut Champagner

GESCHICHTE:

Entwickelt wurde dieser exzellente Champagner-Cocktail von Franz Brandl im Jahr 1978 für das berühmte Münchener Drei-Sterne-Restaurant »Aubergine«. Es stand unter der Leitung von Eckart Witzigmann und schrieb Gastronomiegeschichte.
Bei der Entwicklung des Drinks waren viele Kriterien zu beachten: Es musste ein Champagner-Cocktail und Allrounder sein, d. h. sich als Aperitif und Digestif sowie als Gesellschaftsdrink für den Abend eignen. Er sollte problemlos in größerer Anzahl herzustellen sein, und man sollte ihn auch vorbereiten können. Die Mengenangaben stehen für die alkoholstärkere Gesellschaftsdrink-Version. Für die Aperitif-Variante sollte man die Anteile von Calvados, Portwein und Apricot Brandy verringern. Der Drink verliert dadurch nicht seinen feinen Geschmack, er ist eben nur leichter und regt dadurch den Appetit besser an.

# Prince of Wales

Trinkt man:
als Aperitif, am Abend
Geschmack:
frisch, aromatisch, spritzig

1 Spritzer Angostura
1 cl Curaçao Orange oder Grand Marnier
2 cl Cognac
kalter Champagner

ZUBEREITUNG:

In einen Silberbecher (ersatzweise ein Champagnerglas) einen Eiswürfel, Angostura, Curaçao Orange (Grand Marnier) und Cognac geben. Mit Champagner auffüllen. Eine Cocktailkirsche, eine halbe Orangenscheibe und ein paar Minzeblätter dazugeben.

VARIANTEN:

**Champagner-Cocktail** – 1 Stück Würfelzucker, 2 Spritzer Angostura, 2 cl Cognac, Champagner, halbe Orangenscheibe, Cocktailkirsche.
Den Würfelzucker im Champagnerglas mit Angostura tränken, den Cognac dazugießen und mit Champagner auffüllen. Die halbe Orangenscheibe und die Cocktailkirsche dazugeben.
**Alfonso** – 1 Würfelzucker, 2 Spritzer Angostura, 4 cl Dubonnet Rouge, Champagner, Zitronenschale
Den Würfelzucker im Champagnerglas mit Angostura tränken. Einen Eiswürfel und Dubonnet dazugeben. Mit Champagner auffüllen und mit Zitronenschale abspritzen.

GESCHICHTE:

Wurde angeblich nach dem britischen Thronfolger Prince Albert Edward benannt, der 1901 als Edward VII. den Thron bestieg. Er war als genussfreudig bekannt, und es ist gut möglich, dass der Ursprung zahlreicher Cocktail-Mix-Rezepte dieser Zeit in seinem Umfeld zu finden ist. Auch der Silberbecher verweist auf einen gehobenen Standard.

# French 75

Trinkt man:
als Aperitif, am Abend
Geschmack:
frisch, spritzig

4 cl Gin
2 cl Zitronensaft
1 cl Zuckersirup
10 cl kalter Champagner

ZUBEREITUNG:

Die Zutaten – ohne den Champagner – mit Eiswürfeln im Shaker schütteln. In ein großes Stielglas abgießen und mit Champagner auffüllen. Ein Stück Zitronenschale an den Glasrand stecken.

VARIANTEN:

**Flying** – 2 cl Gin, 2 cl Cointreau, 2 cl Zitronensaft, kalter Champagner
**Ritz** – 2 cl Cognac, 1 cl Cointreau, 2 cl Orangensaft, kalter Champagner

GESCHICHTE:

Ein Rezept aus Frankreich, dessen Name vom Kaliber eines im Ersten Weltkrieg auf französischer Seite eingesetzten leichten Feldgeschützes stammt. Der French 75 wurde in den 1930er-Jahren bekannt, und auch dieses Rezept erfuhr viele Änderungen. Da der Drink für das Auge relativ unscheinbar ist, wird er von den Barmixern gerne mit einer Zitronenschale und/oder einer Cocktailkirsche »aufgehübscht«.

# Vulcano

Trinkt man:
zum Ende der Nacht
Geschmack:
herb, spritzig

3 cl ungekühlter Himbeergeist
2 cl Blue Curaçao
kalter Sekt

ZUBEREITUNG:

Himbeergeist und Blue Curaçao in eine Cocktailschale geben und unter leichtem Rühren anzünden. Das ätherische Öl einer Orangenschale in die Flamme spritzen, die Schale ins Glas geben und mit kaltem Sekt auffüllen. Mit einer Cocktailkirsche anrichten.
Zum Zeitpunkt seiner Entstehung betrug der Alkoholgehalt des Curaçao Blue meist 38 % vol und lag damit viel höher als heute. Mit den heutigen Marken wirkt sich das auf die Brennfähigkeit aus.

GESCHICHTE:

In den 1950er-Jahren in Deutschland ein großer Hit. Das Rezept stammt von einem Münchener Barmixer, der im Stadtteil Schwabing eine kleine Bar betrieb. Der Drink macht sehr betrunken und wurde daher gerne mit Hintergedanken spendiert.

# Americano

Trinkt man:
als Aperitif, ab dem Nachmittag
Geschmack:
herb, leicht bitter, spritzig

4 cl Campari
4 cl Vermouth Rosso
kaltes Sodawasser

ZUBEREITUNG:

Campari und Vermouth Rosso mit Eiswürfeln in ein Highballglas geben, mit Sodawasser auffüllen und leicht umrühren. Mit Orangenschale abspritzen und diese dazugeben.

VARIANTEN:

**Negroni** – 3 cl Campari, 3 cl Vermouth Rosso, 2 cl Gin. Im Rührglas mit Eiswürfel bereitet, ins Cocktailglas abgegossen, mit Orangenschale abgespritzt. Ein Negroni, der wie ein Americano mit Sodawasser gemixt wird, nennt sich Negroni Cooler. Das Rezept geht auf das Jahr 1920 zurück und ist benannt nach dem Florentiner Grafen Camillo Negroni. Dieser bevorzugte seinen Americano mit Gin-Verstärkung.
**Boulevardier** – 3 cl Campari, 3 cl Vermouth Rosso, 3 cl Bourbon Whiskey. Dieser Bourbon-Negroni ist seit Mitte der 1920er-Jahre bekannt. Urheber soll ein Journalist in Paris gewesen sein, der für das amerikanische Magazin »The Paris Boulevardier« schrieb.

GESCHICHTE:

Entstand in den 1860er-Jahren in Gaspare Camparis Bar in Mailand und war ursprünglich als »Milano-Torino« bekannt. Oft ist zu lesen, dass er den Namen »Americano« wegen der amerikanischen Touristen erhielt – es ist aber wahrscheinlicher, dass es sich um eine Ableitung des italienischen Worts amaricante handelt, der Bezeichnung für bittere Substanzen.

# Bloody Mary

Trinkt man:
zum Katerfrühstück, ab dem Nachmittag
Geschmack:
gewürzter Tomatensaft

1 cl Zitronensaft
frisch gemahlener Pfeffer
Selleriesalz
2 Spritzer Tabasco
4 Spritzer Worcestershiresauce
5 cl Wodka
12 cl Tomatensaft

ZUBEREITUNG:

Die Gewürze, Zitronensaft und den Wodka in ein Longdrinkglas auf einige Eiswürfel geben. Mit Tomatensaft auffüllen und gut rühren. Man kann den Drink mit einem Zitronenschnitz dekorieren oder ein Stück Stangensellerie dazugeben.

VARIANTEN:

Es gibt mehrere Varianten, darunter die Danish Mary mit Aquavit oder den Cubanito mit weißem Cuba-Rum. Keine konnte sich jedoch durchsetzen, und das Original genießt bis heute weltweit einen legendären Ruf als Katerkiller.
**Red Snapper** – mit Gin anstelle von Wodka
**Danish Mary** – mit Aquavit anstelle von Wodka
**Cubanito** – mit weißem Rum anstelle von Wodka
**Bull Shot** – mit Consommé (Kraftbrühe) anstelle von Tomatensaft

GESCHICHTE:

Die Harry's New York Bar in Paris ist der Entstehungsort der Bloody Mary. Dort mischte im Jahr 1921 Ferdinand »Pete« Petiot Wodka mit Tomatensaft und Gewürzen. Petiot wechselte 1934 nach New York in das St. Regis Hotel und wollte den Amerikanern dort seinen Drink servieren. Dabei stieß er jedoch auf das Problem, dass Wodka in den USA unbekannt und demnach auch nicht erhältlich war. Petiot ersetzte den Wodka durch Gin und nannte seinen neuen Drink »Red Snapper«.

# Caipirinha

Trinkt man:
ab dem frühen Abend
Geschmack:
zitronig-süß

1-2 Limetten
2-3 Barlöffel weißer Rohrzucker
6 cl Cachaça

ZUBEREITUNG:

Die Limetten achteln und in einen großen Tumbler geben. Mit einem Stößel die Limettenstücke ausdrücken. Den Cachaça und den Zucker dazugeben und alles mit einem Barlöffel gut vermischen. Das Glas mit grob zerstoßenen Eiswürfeln füllen und umrühren. Ein bis zwei dicke Trinkhalme dazugeben.

VARIANTEN:

**Caipirovka** – mit Wodka anstelle von Cachaça

GESCHICHTE:

Der Cachaça ist die Nationalspirituose Brasiliens. Wie Rum wird er aus Zuckerrohr hergestellt, jedoch in anderen Verfahren, weshalb er sich grundlegend von Rum unterscheidet. Beliebt wurden Drinks mit Cachaça bei uns durch den Caipirinha. Mit seiner Frische und den klassischen Komponenten süß und sauer wurde er ab den 1990er-Jahren der große Renner in den Bars. Dass dieser Boom erst so spät einsetzte, lag an der eingeschränkten Verfügbarkeit der Limetten. Als sie dann ständig erhältlich waren, begann auch bei uns der große Siegeszug des Caipirinha. Sein Name stammt vom Caipira, dem »Hinterwäldler«, was Rückschlüsse auf dessen Trinkgewohnheiten zulässt. Den Caipirinha gibt es, seit es Cachaça gibt, denn was lag näher, als daraus mit dem reichlich vorhandenen Zucker und mit Limetten einen Drink zu mischen.

# Long Island Ice Tea

Trinkt man:
am späten Abend
Geschmack:
stark alkoholhaltig

2 cl Tequila Silver
2 cl Wodka
2 cl Gin
2 cl weißer Rum
2 cl Triple Sec Curacao
2 cl Zitronensaft
2 cl Orangensaft
kaltes Cola

ZUBEREITUNG:

Alle Zutaten bis auf das Cola in ein großes Glas auf Eiswürfel geben. Mit beliebig viel Cola aufgießen und eine dünne Zitronenscheibe dazugeben.

VARIANTEN:

Direkt aus der Schnapsflasche trinken.

GESCHICHTE:

Stammt – wie alles Verrückte – aus den USA. Eine stark alkoholische Mischung ohne hervortretenden oder prägenden Eigengeschmack. Seinen Namen erhielt er wohl aufgrund seines einem Eistee ähnlichen Aussehens. Über eine erste Erwähnung weiß man nichts Genaues. Aus Sicht ernst zu nehmender Barmixer ist dieser Drink eine Mischung, die allen Mixgrundsätzen widerspricht und sich nur zum als Trinken getarnten Saufen eignet.

# Mai Tai

Trinkt man:
ab dem Nachmittag
Geschmack:
aromatisch abgerundet nach Rum

1 Limette
1,5 cl Curaçao Orange
0,75 cl Kandissirup (Zuckersirup)
0,75 cl Orgeat (Mandelsirup)
3 cl Golden Jamaica Rum von J. Wray Nephew – 17 Years Old
3 cl dunkler Martinique-Rum

## ZUBEREITUNG:

Die Limette vierteln und in einen Tumbler über zerstoßenes Eis auspressen. Die weiteren Zutaten mit Eiswürfeln im Shaker schütteln und abgießen. Das Glas mit zerstoßenem Eis füllen, eines der Limettenstücke und einen Minzestiel dazugeben.

## GESCHICHTE:

Dies ist das Originalrezept von 1944. Victor Bergeron, Gründer der im polynesischen Stil eingerichteten Restaurants der Kette Trader Vic's, soll 1944 in Oakland/Kalifornien den Mai Tai kreiert haben. Seither wurde oft versucht, diesen Drink zu verbessern, aber diese Versuche muss man in der Rubrik »Verschlimmbessern« einordnen. Dieser perfekte Drink erlaubt nur Abweichungen vom Rezept, weil Kandissirup schwer erhältlich ist und es den Original-Rum schon lange nicht mehr gibt. Anstelle von Kandissirup sollte flüssiger Rohrzucker und als Rum gereifter Golden oder Dark Jamaica Rum verwendet werden. Die etwas krummen Mengenangaben basieren auf der Umwandlung der US-Fluid (flüssig) ounce, die 2,95 cl entspricht. Auch die Art der Zubereitung entstammen der damaligen Zeit.

# Moscow Mule

Trinkt man:
ab dem Nachmittag
Geschmack:
frisch, spritzig

6 cl Wodka
1 Limette
kaltes Ginger Beer

ZUBEREITUNG:

In einen Metallkrug Eiswürfel geben. Die Limette vierteln, den Saft darüber auspressen und die Limettenviertel dazugeben. Den Wodka darübergießen, mit Ginger Beer auffüllen und mit Gurkenschalen garnieren. Ersatzweise kann man statt des Metallkrugs auch ein großes Longdrinkglas verwenden.

GESCHICHTE:

Die Geschichte des Moscow Mule beginnt Anfang der 1940er-Jahre. Um den damals in den USA noch völlig unbekannten Wodka zu lancieren, überlegte man sich bei der später weltbekannten Wodkamarke Smirnoff eine Marketingstrategie. Zusammen mit einem Limonadenproduzenten entwickelte man den Moscow Mule und vermarktete diesen mit einem Kupferkrug als Zugabe. Jeder Barmixer, der Wodka und Ginger Beer kaufte, erhielt je nach Abnahmemenge auch Kupferkrüge. Der Plan ging auf, und der erste Schritt ins US-Wodka-Zeitalter war getan. Aufgrund seiner Einzelstellung hatte der Moscow Mule nie Konkurrenz zu befürchten. Wodka wurde in den USA ab 1970 unglaublich populär und Basis oder Bestandteil vieler weltberühmter Drinks. Ginger Beer hat einen kräftigeren Ingwer-Geschmack als Ginger Ale, doch kann man auch Ginger Ale verwenden. Die Bezeichnungen Beer und Ale sind hier irreführend, denn beide Getränke sind alkoholfrei.

# Mojito

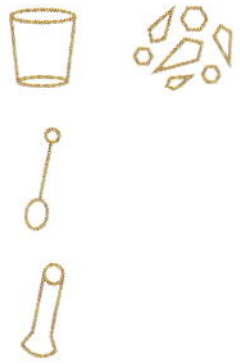

Trinkt man:
ab dem Nachmittag
Geschmack:
frisch, spritzig

1 Limette
6 cl Cuban Ron 3 Años
1 TL weißer Rohrzucker
etwa 6 cl Sodawasser
etwa 10 Minzeblätter

ZUBEREITUNG:

In einen Tumbler 2 cl Wasser, den Zucker und die Minzeblätter geben und diese mit einem Stößel andrücken. Die Limette vierteln, ins Glas geben und mit dem Stößel zerdrücken. Grob zerstoßene Eiswürfel und den Rum dazugeben, mit Sodawasser auffüllen und mit einem Barlöffel gut vermischen. Mit Minzeblättern garnieren. Da nur die Limette geschmacksprägend ist, sollte man auf die Ausgewogenheit der Zutaten achten und ggf. mit Limettensaft oder Zucker ausgleichen.

VARIANTEN:

**Ron Collins** – 5 cl Cuban Ron 3 Años, 3 cl Zitronensaft, 2 cl Zuckersirup, kaltes Sodawasser
Die Zutaten – ohne das Sodawasser – mit Eiswürfeln im Shaker gut schütteln und in ein Longdrinkglas auf einige Eiswürfel abgießen. Mit etwas Sodawasser auffüllen. Mit einer Zitronenscheibe und einer Cocktailkirsche garnieren.

GESCHICHTE:

Die Vorläufer dieses kubanischen Drinks waren in den USA schon als Julep und Smash bekannt, und um das Jahr 1900 erhielt auch der kubanische Mojito einen eigenen Namen. Dessen Ursprung liegt jedoch ebenfalls im Dunkel der Geschichte. Heute ist der Mojito neben dem Cuba Libre und dem Daiquiri der bekannteste Cuba-Drink.

# Old Fashioned

Trinkt man:
ab dem Nachmittag
Geschmack:
herber Whiskeydrink

5 cl Bourbon oder Rye Whiskey
2 Spritzer Mix-Bitter
1 Stück Würfelzucker

ZUBEREITUNG:

Den Würfelzucker in einen Tumbler geben, mit Mix-Bitter tränken und etwas klares Wasser daraufgeben. Den Würfelzucker mit einem Barlöffel zerdrücken, das Glas mit Eiswürfeln füllen und den Whiskey darübergießen. Gut umrühren, eine Cocktailkirsche und eine Orangenschalenspirale dazugeben.

VARIANTEN:

**Sazerac** – ein Old Fashioned mit etwas Absinthe oder Pastis

GESCHICHTE:

Verschiedentlich ist zu lesen, dass der Old Fashioned um das Jahr 1900 kreiert wurde. Nach Meinung anderer Quellen hat es schon viel früher Versuche gegeben, den damals rauen Stoff (Whiskey) trinkbarer zu machen. Ein Vorläufer war sicher der Sazerac. Um 1800 entwickelte der Apotheker Antoine Peychaud in New Orleans seinen Peychaud Bitter. Damit aromatisierte man Spirituosen und schuf Drinks ähnlich dem Old Fashioned. Dabei wurde auch die französische Komponente in dieser bis 1803 zu Frankreich gehörenden Region berücksichtigt und etwas Absinthe verwendet. Auch eine (damals teurere) Version mit importiertem Brandy ist aus dieser Zeit bekannt.

# Horse's Neck

Trinkt man:
ab dem Nachmittag
Geschmack:
spritziger Whiskeydrink

6 cl Bourbon Whiskey
2 Spritzer Angostura
kaltes Ginger Beer
Zitronenschalenspirale

ZUBEREITUNG:

In ein großes Longdrinkglas eine Zitronenschalenspirale und Eiswürfel geben. Angostura und Bourbon Whiskey darübergießen und mit Ginger Beer auffüllen.

VARIANTEN:

**Dark 'n' Stormy** – 5 cl Gosling Black Seal Rum, Ginger Beer, Limettenscheibe
**Cuba Libre** – 4 cl Cuban Ron 3 Años, Cola, halbe Zitronen-/Limettenscheibe
Geschichte Zwei Umstände verhalfen diesem weltbekannten Drink im auslaufenden 18. Jahrhundert zu seinem Erfolg: die Befreiung Kubas von der spanischen Herrschaft und die beginnende Vermarktung der Coca-Cola.
**Brandy Soda** – 4 cl Brandy, kaltes Soda Water, Zitronenschale
**Gin Tonic** – 4 cl Gin, kaltes Tonic Water, halbe Zitronenscheibe
**Wodka Lemon** – 4 cl Wodka, kaltes Bitter Lemon, halbe Zitronenscheibe
**Whiskey Ginger** – 4 cl US-Whiskey, kaltes Ginger Ale, Zitronenschale

GESCHICHTE:

Die ursprüngliche Version enthielt keinen Alkohol, um 1910 kam Bourbon Whiskey dazu. Heute ist auch die Brandy-Version wieder populär.

# Cocoskiss

Trinkt man:
am Abend
Geschmack:
fruchtiger Coconut-Drink

4 cl Malibu Coconut
2 cl weißer Rum
1 cl Maracujasirup
6 cl Orangensaft
6 cl Ananassaft

ZUBEREITUNG:

Im Shaker mit Eiswürfeln schütteln und in ein Longdrinkglas auf Eiswürfel abgießen. Mit einem Ananasstück und einer Cocktailkirsche garnieren.

VARIANTEN:

**Bahama Mama** – 2 cl Malibu Coconut, 2 cl brauner Rum, 1 cl Kahlúa Coffee Liqueur, 1 cl Jamaika-Rum 73 % vol, 12 cl Ananassaft
2 cl Zitronensaft

GESCHICHTE:

Der Malibu Coconut (Kokoslikör auf Rumbasis) kam 1980 auf den Markt und bot Barmixern eine neue Geschmacksbasis. Das Aroma der Kokosnuss harmoniert wunderbar mit Rum und Fruchtsäften, und so konnten bereits international bekannte Rezepte nun auch bei uns gemixt werden. Zahlreiche neue Rezepte entstanden, darunter der Cocoskiss von Franz Brandl.

# Piña Colada

Trinkt man:
am Abend
Geschmack:
fruchtiger Coconut-Drink

6 cl weißer Rum
10 cl Ananassaft
4 cl Cream of Coconut
2 cl Sahne

ZUBEREITUNG:

Die Zutaten im Elektromixer durchmixen und in ein großes Glas auf zerstoßenes Eis abgießen. Mit Ananasstück und Cocktailkirsche garnieren.

VARIANTEN:

**Strawberry Colada** – eine Piña Colada mit Erdbeeren, Erdbeersirup oder Strawberry Liqueur und zum Regulieren der Süße evtl. etwas Zitronensaft.
**Chi-Chi** – eine Piña Colada mit Wodka anstelle des Rums
**Strawberry Chi-Chi** – eine Piña Colada mit Wodka und Erdbeerpüree

GESCHICHTE:

Im Jahr 1948 wurde in der Dominikanischen Republik erstmals Cream of Coconut hergestellt und kurz darauf wurde die Piña Colada bekannt. Die Cream of Coconut wurde Mitte der 1970er-Jahre bei uns erstmals angeboten. Da es damals auch noch keinen Kokossirup gab, erfuhr die Piña Colada als erster Kokos-Drink einen ungeheuren Zuspruch und etablierte sich unter den Top Ten der deutschen Mixdrinks-Rangliste. Ursprünglich wurden auch frische Ananas oder Ananasscheiben aus der Dose verwendet, doch mit Ananassaft wird die Piña Colada flüssiger. Cream of Coconut sollte auf jeden Fall hineinkommen, denn sie ist intensiver als Kokossirup, und etwas Sahne macht den Drink sämig. Die Piña Colada schmeckt mit jeder Art von Rum – hier bestimmt der persönliche Geschmack.

# Planter's Punch

Trinkt man:
am Abend
Geschmack:
fruchtiger Rum-Drink

3 cl weißer Rum
3 cl brauner Rum
1 cl Grenadine
3 cl Ananassaft
3 cl Orangensaft
3 cl Grapefruitsaft

ZUBEREITUNG:

Mit Eiswürfeln im Shaker schütteln, in ein großes Glas auf einige Eiswürfel abgießen. Ananasstück, Orangenscheibe und Cocktailkirsche auf ein Spießchen stecken und über den Glasrand legen.

VARIANTEN:

**Hurricane** – statt der Grenadine etwas Maracujasirup und Lime Juice Cordial

GESCHICHTE:

Wer in früheren Zeiten in der Karibik Alkohol trinken wollte, musste diesen entweder pur zu sich nehmen, was nicht immer eine reine Freude war, oder ihn verlängern. Also bot sich die Verwendung von Kokosnusswasser an. Dies war auch der Ursprung des Coconut Rums. Dieses Trinkvergnügen verfeinerte sich, und bald wurde Rum mit allen verfügbaren fruchtigen Zutaten gemischt. Für den Planter's Punch musste nicht erst eine Fantasiebezeichnung gesucht werden, denn der Name ergab sich aus der Situation selbst. Jede Bar und jedes Buch präsentieren Rezepte für Planter's Punch, und wenn sie stimmig sind, kann man viele Geschmacksnuancen zaubern und den Drink auf viele Arten mit passenden Säften und Sirup verändern. Das Verhältnis zwischen braunem und weißem Rum bestimmt den alkoholischen Geschmack. Rum, Säfte und ein Sirup oder Likör sind immer mit dabei – es ist alles erlaubt –, aber das Ergebnis sollte immer ausgewogen sein.

# Tequila Sunrise

Trinkt man:
am Abend
Geschmack:
fruchtiger Tequila-Klassiker

6 cl Tequila
10 cl Orangensaft
1 cl Grenadine

ZUBEREITUNG:

Tequila und Orangensaft mit Eiswürfeln im Shaker schütteln und in ein Longdrinkglas auf Eiswürfel abgießen. Die Grenadine darüber verteilen. Mit einer Orangenscheibe und -Schalenspirale garnieren..

VARIANTEN:

**Screwdriver** – 5 cl Wodka, 15 cl Orangensaft, Orangenscheibe
Geschichte Der Screwdriver wurde in den USA um 1950 bekannt, und angeblich erhielt er seinen Namen davon, dass Arbeiter ihren Drink mit einem Schraubendreher umrührten.

**Harvey Wallbanger** – 5 cl Wodka, 15 cl Orangensaft, 1-2 cl Galliano Vanilla
Wodka und Orangensaft in ein mit Eiswürfeln gefülltes Longdrinkglas geben und umrühren. Den Galliano daraufgießen und nicht mehr rühren. Eine Orangenscheibe an den Glasrand stecken.
Geschichte Benannt wurde er in den 1960er-Jahren nach einem Surfer namens Harvey. Dieser schlug nach einem verlorenen Wettbewerb und nach vielen Wodka-/Galliano-Drinks wutentbrannt mehrmals mit dem Surfbrett (oder seinem Kopf?) an eine Wand, und der Wodka-Produzent Smirnoff vermarktete diese Story.

GESCHICHTE:

Seit den 1930er-Jahren beliebter Longdrink und einer der bekanntesten Tequila-Drinks.

# Swimming Pool

Trinkt man:
am Pool, am Abend
Geschmack:
fruchtig, mild

4 cl Wodka
2 cl Blue Curaçao
2 cl Sahne
12 cl Ananassaft
2 cl Cream of Coconut

ZUBEREITUNG:

Alles im Elektromixer gut durchmixen und in ein zur Hälfte mit zerstoßenem Eis gefülltes großes Glas abgießen. Ein Ananasstück an den Glasrand stecken, eine Cocktailkirsche gibt dem Drink noch einen zusätzlichen Farbtupfer. Man kann den Blue Curaçao aber auch auf den fertigen Drink gießen.

GESCHICHTE:

Bis zum Beginn der 1980er-Jahre stand die Farbe Blau bei Mixgetränken in Verruf, und Drinks mit dieser Farbe wurden skeptisch betrachtet. Nachdem die niederländische Likörfirma Bols das Blau mit viel Werbung salonfähig gemacht hatte, setzte ein wahrer Boom ein. Plötzlich stand Blau für Karibik, Meer und Strand, und viele der neu entwickelten Drinks dieser Zeit leuchteten nun in dieser Farbe. Vielfach war Rum die Basis, und mit der Zugabe von Kokos und Ananas konnte man nicht viel falsch machen. Auch der Autor war aktiv und veröffentlichte 1988 dieses Rezept.

# Yellow Bird

Trinkt man:
am Abend
Geschmack:
fruchtig, mit Vanilleduft

4 cl brauner Rum
2 cl Galliano Vanilla
2 cl Crème de Bananes
6 cl Orangensaft
6 cl Ananassaft

ZUBEREITUNG:

Die Zutaten im Shaker mit Eiswürfeln schütteln und in ein Longdrinkglas auf Eiswürfel abgießen. Mit einem Ananasstück, einer halben Orangenscheibe und einer Cocktailkirsche garnieren.

GESCHICHTE:

Eine Kreation des Autors aus dem Jahr 1978. In diesen Jahren erlebten die Mixdrinks einen ungeheuren Aufschwung, und fruchtige Longdrinks waren gefragt wie nie zuvor. Mit dem italienischen Galliano kam erstmals ein Vanille Liqueur nach Deutschland, und es war eine schöne Aufgabe, damit fruchtige Drinks zu entwickeln. Dieses Rezept hat bis heute keine Konkurrenz erfahren, und eine Rezeptur gleichen Namens ist nur in einem französischen Cocktailbuch des Jahres 1982 zu finden.
Das Rezept: 3 cl weißer Rum, 1 cl Galliano, 1 cl Cointreau, 1 cl Limettensaft

# Sex on the Beach

Trinkt man:
am Nachmittag, am Abend
Geschmack:
fruchtig, nach Pfirsich

3 cl Pfirsichlikör
3 cl Wodka
6 cl Cranberry Juice oder Preiselbeernektar
6 cl Ananassaft

ZUBEREITUNG:

Die Zutaten im Shaker mit Eiswürfeln schütteln, in ein Longdrinkglas auf Eiswürfel abgießen. Mit ein paar Pfirsichspalten und Minzeblättern garnieren.

VARIANTEN:

**Bayerisch – Schnackseln am Weiher:** Obstler, Bier
**Österreichisch – Pudern am See:** Stroh Rum, Cola

GESCHICHTE:

Das Angebot an Pfirsichlikören war immer spärlich. Als diese jedoch in den späten 1980er-Jahren eine Renaissance erlebten, wurden Mix-Rezepte mit Pfirsichlikör zum Hit. Vorreiter war der US-Drink Sex on the Beach, der von Kalifornien aus die Cocktailwelt eroberte. Neben dem Pfirsichlikör war in Europa auch der Cranberry Juice nur schwer erhältlich. Nachdem beide dann auch bei uns zur Verfügung standen, war der Weg zu einer der erfolgreichsten Drink-Kreationen der neueren Zeit frei.

Singapore Sling
RAFFLES
HOTEL

# Singapore Sling

Trinkt man:
am Nachmittag, am Abend
Geschmack:
erfrischend

1 Spritzer Angostura
4 cl Gin
2 cl Heering Cherry Liqueur
2 cl Zitronensaft
etwa 6 cl kaltes Sodawasser
einige Tropfen Bénédictine

## ZUBEREITUNG:

Die Zutaten – ohne Sodawasser und Bénédictine – im Shaker mit Eiswürfeln schütteln und in ein Longdrinkglas auf einige Eiswürfel abgießen. Mit kaltem Sodawasser auffüllen, eine halbe Zitronenscheibe dazugeben und den Bénédictine auf den Drink träufeln.

## VARIANTEN:

Dieser Drink erfuhr im Lauf der Zeit viele Veränderungen. Heute mixt man ihn gerne mit Orangen- und Ananassaft, und oft werden Cointreau oder Bénédictine direkt dazugegeben. Manche Rezepte verwenden auch etwas Grenadine.

## GESCHICHTE:

Einer der berühmtesten Longdrinks entstand 1915 im Raffles Hotel in Singapur. Der Barkeeper Ngiam Tong Boon wollte dem Gin Tonic, dem klassischen Tropen-Drink der Engländer, einen Drink für die Damen gegenüberstellen. Die Gin-Basis blieb, Kirschlikör und Zitronensaft sorgten für eine feine Ausgewogenheit und das Sodawasser für die Frische. Heute werden an Spitzentagen im Raffles in allen Bars und Restaurants zusammen bis zu 2000 Singapore Slings verkauft. Dieser wird inzwischen auch an seinem Ursprungsort in der fruchtigen Version als »Raffles Sling« angeboten. Sollten Sie eine der Bars besuchen, dann verlangen Sie ausdrücklich das Originalrezept. Man wird Sie als Kenner einstufen und Ihnen fantastische Original-Singapore-Slings mixen.

# Zombie

Trinkt man:
am späten Abend
Geschmack:
fruchtig, lähmend

4 cl weißer Rum
4 cl brauner Rum
2 cl hochprozentiger Rum
2 cl Cointreau oder
Curaçao Triple Sec
2 cl Grenadine
2 cl Maracujasirup
4 cl Zitronensaft
4 cl Orangensaft
4 cl Ananassaft

ZUBEREITUNG:

Mit Eiswürfeln im Shaker schütteln und in einen Tiki-Totenkopf oder in ein großes Glas auf Eiswürfel abgießen. Mit einem Ananasstück, einer Cocktailkirsche und Minze garnieren. Dieses Rezept lässt sich beliebig variieren, man sollte jedoch auf die Ausgewogenheit achten. Nach zwei bis drei Stück weiß man dann, wie ein Zombie aussieht.

GESCHICHTE:

Diese wilde Planter's-Punch-Mischung wurde in ähnlicher Form von dem damals bekannten US-amerikanischen Barmixer Don Beach im Jahr 1934 in seinem Hollywood-Restaurant »Don the Beachcomber« vorgestellt. Der Drink versinnbildlicht in unseren Breiten die Bereitschaft zum alkoholischen Kopfschuss.

# Whiskey Sour

Trinkt man:
am Nachmittag, am Abend
Geschmack:
süß-sauer

5 cl Bourbon Whiskey
3 cl Zitronensaft
1-2 cl Zuckersirup

## ZUBEREITUNG:

Im Shaker mit Eiswürfeln schütteln und in ein Stiel- oder Becherglas auf einige Eiswürfel abgießen. Mit einer Orangenscheibe und einer Cocktailkirsche garnieren.

## VARIANTEN:

**Brandy Sour** – mit Cognac anstelle von Bourbon Whiskey
**Wodka Sour** – mit Wodka anstelle von Bourbon Whiskey
**Gin Sour** – mit Gin anstelle von Bourbon Whiskey
**Rum Sour** – mit braunem Rum anstelle von Bourbon Whiskey

## GESCHICHTE:

Einer der großen Klassiker ist der Whiskey Sour. Dieser war bereits um das Jahr 1850 einer der populärsten Mixdrinks in den USA. Ein guter Bourbon Whiskey, Zucker und Zitrone – und fertig ist einer der beliebtesten Drinks. Wenn die Zutaten ausgewogen sind, der Sour kräftig geschüttelt und gut gekühlt ist, dann ist dieser Allrounder immer die richtige Wahl. Für Whiskey Sour eignen sich alle US-Whiskeys, dass meist Bourbon Whiskey verwendet wird, liegt an dessen Weichheit und leichten Süße. Sein Erfolg begründet sich auch in seiner Einfachheit. Die wichtigsten Komponenten eines Drinks dieser Art, Spirituose und süß-sauer, kommen hier perfekt zur Geltung. Neben den klassischen Spirituosen werden Sours auch gerne mit Bitter, Likören etc. gemixt.

# Gin Fizz

Trinkt man:
am Nachmittag, am Abend
Geschmack:
süß-sauer, spritzig

5 cl Gin
3 cl Zitronensaft
2 cl Zuckersirup
kaltes Sodawasser

ZUBEREITUNG:

Die Zutaten – ohne das Sodawasser – mit Eiswürfeln im Shaker lange und kräftig schütteln. In ein Highballglas abgießen und mit etwas Sodawasser auffüllen. Eine Zitronenschalenspirale über den Glasrand hängen.

VARIANTEN:

Weitere Fizzes mit dieser Rezeptur lassen sich mit Brandy, Gin, Wodka, Rum, Tequila und Sloe Gin mixen.

**Ramos Fizz** – ein Gin Fizz mit Zitronen- oder Limettensaft, dazu 2 cl Sahne, etwas Eiweiß und drei Spritzer Orangenblütenwasser

GESCHICHTE:

Dieser Drink mit seiner einfachen Rezeptur gehört zu den »Urgesteinen« der Cocktailgeschichte. Schon um 1870 wurde über ihn geschrieben, seine nächsten berühmten Verwandten sind der Collins und die Sours.

# Tom Collins

Trinkt man:
am Nachmittag, am Abend
Geschmack:
süß-sauer, spritzig

5 cl Gin
3 cl Zitronensaft
2 cl Zuckersirup
kaltes Sodawasser

ZUBEREITUNG:

Die Zutaten – ohne das Sodawasser – mit Eiswürfeln im Shaker schütteln und in ein Longdrinkglas auf einige Eiswürfel abgießen. Mit etwas Sodawasser auffüllen. Mit Zitronenschale und einer Cocktailkirsche garnieren.

VARIANTEN:

Diesen erfrischenden Drink kann man auch mit anderen Spirituosen mixen. Ein Collins ohne Eis und andere Zutaten, aber mit Sodawasser, ist ein Fizz, ohne Sodawasser ein Sour. Diese drei Drink-Gruppen sind sich sehr ähnlich und unterscheiden sich im Geschmack nur wenig voneinander. Das Wichtigste bei ihrer Zubereitung ist ein ausgewogenes Süß-Sauer-Verhältnis.

GESCHICHTE:

Der Collins und der Fizz hatten bei uns ihre Glanzzeit in den 1960er- und 1970er-Jahren, als die Kunst des Mixen noch in den Kinderschuhen steckte. Durch das Aufkommen der Rum- und Karibik- Drinks geriet der Collins etwas an den Rand des Bar-Geschehens.

# Irish Coffee

Trinkt man:
am Nachmittag, nach dem Abendessen, bei kaltem Wetter
Geschmack:
sahnig, nach Kaffee und Whiskey

4 cl Irish Whiskey
1 Tasse heißer Kaffee
1-2 TL brauner Zucker
leicht geschlagene Sahne

ZUBEREITUNG:

Irish Whiskey, Zucker und Kaffee in ein vorgewärmtes Stielglas oder in eine Tasse geben. Gut verrühren. Eine Sahnehaube daraufsetzen.

VARIANTEN:

**Jamaica Coffee** – mit 3 cl braunem Jamaica Rum und 2 cl Tia Maria Coffee Liqueur
**Pepe's Café** – mit 3 cl Tequila und 2 cl Kahlúa Coffee Liqueur
**After Eight** – mit 3 cl Crème de Cacao Braun und 1 cl Crème de Menthe Grün, ohne Zucker
**Nusskaffee** – mit 2 cl Nussgeist und 2 cl Nusslikör
**Venetian Coffee** – mit 2 cl italienischem Brandy und 2 cl Crème de Cacao Braun

GESCHICHTE:

Nach 1945 musste auf Atlantik-Flügen immer noch ein Zwischenstopp am Shannon Airport an der irischen Westküste einlegt werden. Der am Flughafen tätige Barmixer Joe Sheridan wärmte die Passagiere mit dem von ihm entwickelten Irish Coffee, wodurch sich das Rezept schnell in Europa und den USA verbreitete. Heute ist der Irish Coffee das bekannteste alkoholische Kaffee-Getränk, und viele Varianten mit anderen Spirituosen und Likören wie Cointreau, Grand Marnier, Chartreuse, Bénédictine oder Amaretto erfreuen sich ebenfalls großer Beliebtheit.

# Gin Hot Toddy

Trinkt man:
wenn es kalt ist, am Nachmittag, am Abend,
Geschmack:
süß-sauer

5 cl Gin
3 cl Zitronensaft
2 cl Zuckersirup
Nelken
Zimtstange

## ZUBEREITUNG:

Gin, Zitronensaft und Zuckersirup erhitzen, in ein feuerfestes Glas/Tasse gießen und mit heißem Wasser auffüllen. Nelken und Zimtstange dazugeben.

## GESCHICHTE:

Der Name »Toddy« ist seit dem 17. Jahrhundert bekannt und war und ist in Indonesien, Sri Lanka, Südindien und Thailand die Bezeichnung für Palmwein, der durch Anzapfen verschiedener Palmenarten gewonnen wird. Der zuckerreiche Saft ist ein wichtiger Bestandteil bei der Herstellung von Arrak, und durch ihn entsteht bei diesem auch die geschmackliche Nähe zum Rum. Dieser Arrak, gesüßt und mit heißem Wasser verlängert, war der Ursprung der Hot Toddies. Die klassischen Hot-Toddy-Rezepte haben Arrak, Gin, Whisky, Rum oder Cognac als Basis, dazu kommen heißes Wasser, Zucker, eine Zimtstange und eine mit Nelken gespickte Zitronenscheibe oder -schale. Hot Toddies sind an kalten Tagen eine hervorragende Wärmequelle.

# Porto Flip

Trinkt man:
am Vor- und Nachmittag, am frühen Abend
Geschmack:
mild, sahnig

4 cl Tawny oder Ruby Port
1 cl Cognac
1 cl Zuckersirup
2 cl Sahne
1 Eigelb
Muskatnuss

ZUBEREITUNG:

Mit großen Eiswürfeln im Shaker kurz und kräftig schütteln. In ein Stielglas abgießen und Muskatnuss darüberreiben.

VARIANTEN:

**Sherry Flip** – anstelle von Portwein – Sherry-Medium Dry oder Cream Sherry
**Porto Flip Normand** – mit 3 cl Portwein und 3 cl Calvados
**Brandy Flip** – mit Cognac oder Brandy
**Whisky Flip** – mit Whisk(e)y
**Rum Flip** – mit braunem Rum
**Butterfly Flip** – mit 3 cl Cognac oder Brandy und 2 cl Crème de Cacao Braun
**Orangen Flip** – 3 cl Curaçao Triple Sec oder Cointreau, 2 cl Gin, 4 cl Orangensaft, 1 cl Zuckersirup, 2 cl Sahne, 1 Eigelb
**Zitronen Flip** – wie Orangen Flip – anstelle von Orangensaft mit 2 cl Zitronensaft
**Bananen Flip** – 3 cl Crème de Bananes, 2 cl Gin, 1 cl Bananensirup, 2 cl Sahne, 1 Eigelb

GESCHICHTE:

Die Flips wurden bereits um 1880 in den ersten US-Barbüchern erwähnt, und die Zutaten waren damals ein ganzes Ei, Südweine und Zucker. Sie sind magenfreundliche, kurze Getränke, und im einführenden Text auf Seite 28 ist der Wandel der Flips beschrieben.

# Pussy Foot

Trinkt man:
am Vor- und Nachmittag, am frühen Abend
Geschmack:
mild, fruchtig

1-2 cl Grenadine
6 cl Ananassaft
6 cl Orangensaft
6 cl Grapefruitsaft

ZUBEREITUNG:

Mit Eiswürfeln im Shaker schütteln und in ein Longdrinkglas auf einige Eiswürfel abgießen. Mit Ananasstück und Cocktailkirsche garnieren.

VARIANTEN:

**Alice** – 1-2 cl Grenadine, 2 cl Sahne, 8 cl Orangensaft, 8 cl Ananassaft
**Orange Velvet** – 1-2 cl Mandelsirup, 2 cl Sahne, 8 cl Maracujanektar, 8 cl Orangensaft
**Speedy Gonzales** – 2 cl Blue Curaçao-Sirup, 6 cl Maracujanektar, 6 cl Grapefruitsaft, 6 cl Bananennektar. Rezept Franz Brandl 1990.
**Cinderella** – 2 cl Kokossirup, 1 cl Grenadine, 2 cl Sahne, 8 cl Ananassaft, 8 cl Orangensaft. Rezept Franz Brandl 1990.
**Ipanema** – 1 Limette, 2-3 Barlöffel brauner Rohrzucker, kaltes Ginger Ale.
Die Limette in acht Teile schneiden und in einen großen Tumbler geben. Die Stücke mit einem Stößel ausdrücken und den Rohrzucker dazugeben. Mit Ginger Ale aufgießen und mit einem Barlöffel umrühren. Dann mit crushed ice auffüllen.

GESCHICHTE:

Die »Katzenpfote« war einer der ersten alkoholfreien Mixdrinks und wurde in Deutschland durch die 1974 in München eröffnete »Harry's New York Bar« populär. Genau betrachtet handelt es sich beim Pussy Foot um einen Planter's Punch ohne Rum.

COCKTAIL KLASSIKER

# WAREN-KUNDE

# Einführung – Was ist was?

Die Welt der Getränke ist inzwischen selbst für Fachleute fast unüberschaubar geworden. Um einen ersten Überblick zu erhalten, sollte man zunächst generell unterteilen und die Getränkegruppen nach ihren Hauptunterscheidungsmerkmalen, den Ausgangsstoffen, gliedern – bis hin zur jeweiligen Produktgruppe und den einzelnen Sorten. Das Wissen darum erleichtert die Auswahl und den späteren Genuss.

Die beiden weltweit zahlenstärksten »Vertreter« der Alkoholika sind zweifellos Wein und Bier. Allein diese beiden Gruppen bieten eine unüberschaubare Zahl an Sorten und Herstellern. In diesem Buch wird bei den Aperitifs, bei den Schaumweinen und bei den Südweinen auf die Weinprodukte eingegangen. Die in den Rezepten verwendeten Spirituosen und Liköre werden vorgestellt, ihre Qualitätsmerkmale und Besonderheiten aufgezeigt. Dabei erfahren Sie auch Grundlegendes über die zum Mixen wichtigen Spirituosen wie Gin, Wodka, Rum, Tequila und Cachaça. Auch die Whiskys & Whiskeys, die Weinbrände und die Likörsorten sind beschrieben.

Beim Einkauf der zum Mixen benötigten Getränke ist in der Regel der Preis die Messlatte. Die Aussage »Gutes ist teurer« trifft auch auf die alkoholischen Zutaten zu. Man muss zum Mixen keine Spitzenprodukte verwenden, doch an der Qualität zu sparen, erweist sich in der Regel als nicht sinnvoll.

Bis in die jüngere Zeit konnte man fast nur unter den großen Marken der international agierenden Spirituosenkonzerne wählen, und diese bestimmten das Angebot im Handel. Die Tendenz zu »regional« hat nun auch die Spirituosenwelt erreicht, und seit der Jahrtausendwende produziert eine ständig wachsende Zahl neu gegründeter Destillerien auch Spirituosen wie Whisky. Er wird inzwischen in ganz Europa hergestellt, und auch in den USA entstanden zahlreiche sogenannte Mikro-Destillerien. Weltweit wächst auch die Zahl an Gin-Marken, und das Angebot vergrößert sich fast wöchentlich. Vor allem in Deutschland kam durch die Winzersekte auch der Sektmarkt in Bewegung, und nun ist die Auswahl weit größer als je zuvor. Beflügelt wurde diese Entwicklung durch das Internet und den Versandhandel, der den kleinen Produzenten eine günstige Vertriebsstruktur bietet.

Ein Wort noch dazu, was uns die Werbung für die Multi-Millionen-Marken verspricht: Natürlich rückt jeder sein Produkt ins beste Licht, doch was uns hier vorgaukelt wird, ist schlicht unglaubwürdig. Dass auch die großen Spirituosenproduzenten die Reifung ihrer Produkte überwachen, ist sicher richtig, aber dass die Destillateure jedes Fass kennen, ist schwer vorstellbar, wenn man weiß, dass von den größten Marken pro Arbeitstag bis zu einer halben Million Flaschen abgefüllt werden. Das von den Marketingstrategen vermittelte Bild der »Ruhe in den Reifelagern, die bei Kerzenschein von älteren Herren überwacht werden« ist ein Klischee, das jeder Grundlage entbehrt.

Der kleine Destillateur oder Winzer legt Wert auf seine Rohstoffe, kennt den Reifezustand jedes seiner Fässer und pflegt sein Produkt bis zur Abfüllreife. Er kann auch nicht mit teuren Werbemaßnahmen zum Kauf anreizen, sondern muss Qualität liefern. Die regionalen Marken bieten – außer ihrer gesicherten Qualität – aufgrund ihrer Individualität auch eine gute Vergleichsbasis und das Wissen darüber viel interessanten Gesprächsstoff.

# Aperitifs

Als Aperitif (von lateinisch aperire »öffnen«) bezeichnet man die Getränke, die vor dem Essen genossen werden. In den europäischen Mittelmeerländern besitzt der Aperitif seit jeher einen hohen Stellenwert. Ob Bitter-Aperitif, anishaltige Getränke, Vermouth, weinhaltige Aperitifs, trockene Südweine oder ein Glas Champagner oder Sekt – das ist immer die richtige Wahl, und der kleine Drink ist immer angebracht.

## BITTER-APERITIFS

Innerhalb der großen Gruppe der Bittergetränke belegen die Bitter-Aperitifs einen der ersten Plätze. Das hauptsächliche Unterscheidungsmerkmal zu den Bitterspirituosen und Bitterlikören ist ihre klar-rote Farbe, der geringere Alkoholgehalt und ihre ideale Eignung als Longdrink. Neben Campari produzieren viele Unternehmen in Italien und auch in der Schweiz diese Art Bitter-Aperitifs. In der Regel werden sie – im Gegensatz zu den Digestif-Bitter – nicht pur, sondern »verlängert« getrunken.

Anisées

Die bekanntesten Anisgetränke stammen aus Südeuropa, insbesondere aus dem Mittelmeerraum und der Türkei. Trotz der unterschiedlichen Herstellungsweisen verbindet sie alle der typische Anisgeschmack. Der Absinth (Absinthe) war das erste populäre Anisgetränk, sein Ursprung geht auf das Jahr 1797 und auf Henri-Louis Pernod zurück. Von 1915 bis 1938 war Absinth in Frankreich verboten, 1938 kam Pernod mit einer neuen, »entschärften« Rezeptur auf den Markt. Ihm folgten zahlreiche andere Marken, und der Pastis (von Pastiche »Nachahmung«) steht heute für die französische Lebensart.

Weitere bekannte Anisspirituosen sind der griechische Ouzo, bei dem Anis mit einem Alkoholdestillat aus Trauben doppelt oder dreifach destilliert wird, und der türkische Raki, dessen alkoholische Basis meist ein Destillat aus Weintrauben oder Rosinen bildet, dem bei der Destillation Anis zugesetzt wird. Pernod, Pastis und Absinth werden immer mit Wasser verdünnt. Ouzo und Raki sollte man kühlen, denn man kann sie auch pur trinken.

Vermouth

Unter den Weinaperitifs ist der Vermouth die bekannteste und die quantitativ größte Gruppe. Italienische und französische Produkte erlangten Weltberühmtheit, weitere große Hersteller sind in Spanien zu finden. Die älteste Produktionsstätte für Vermouth ist die Region um Cuneo, südlich von Turin. Um 1786 produzierte die Firma Carpano Vermouth erstmalig in größerem Umfang, und seit jener Zeit hat sich Turin als Zentrum der Vermouth-Herstellung einen Namen gemacht. Bei der Herstellung von Vermouth sind vier Hauptarbeitsgänge erforderlich: die Zusammenstellung der Ausgangsweine, die Produktion des Kräuterauszugs, die Schönung und Filtration beziehungsweise Stabilisierung des Vermouths sowie die abschließende Lagerung des Fertigprodukts bis zur Abfüllreife.

Weinaperitifs

Die klassischen »Apéritifs à Base de Vin« werden aus Wein und Fruchtauszügen oder Wein und Mistelle (unvergorene oder nur teilweise vergorene Weine, bei denen die Gärung des Mosts durch Alkoholzusatz verhindert wurde), Alkohol und Frucht- und/oder Gewürzauszügen hergestellt. Eine wichtige Zugabe war dabei das Chinin. Ende des 19. bis Anfang des 20. Jahrhunderts war »das goldene Zeitalter« der französischen Weinaperitifs, bekannt als »Quinquinas« oder »Kinas«. Die Hersteller fanden Kräuterkombinationen, die die Menschen begeisterten, und in jedem Kina spiegelten sich die geschmacklichen Präferenzen seiner Ursprungsregion wider.

# Liköre

Liköre sind in ihrer Gesamtheit die führende Spirituosengattung, ihr Ursprung lag im nördlichen Italien und in Mitteleuropa. Ab dem 14. Jahrhundert wurde die Destillation perfektioniert, und Mönche, Alchimisten und Apotheker des Mittelalters schufen auf der Suche nach Heilmitteln die ersten Elixiere. Einige davon wurden weltbekannt und viele sind bis heute regionale Berühmtheiten.

Das gemäßigte Klima in Europa erlaubt den Anbau vieler Obstsorten, und Handelsschiffe brachten Gewürze aus den neu entdeckten Ländern mit. Im Gefolge der ständig verbesserten Herstellungsmethoden begann vor rund 200 Jahren die neuzeitliche Likörgeschichte. Die wichtigsten Faktoren waren dabei die Glasflasche, das Transportwesen und die Entdeckung des Rübenzuckers, der den teuren Rohrzucker ersetzte.

Auch Spirituosen wie Whisky, Weinbrand oder Gin legten an Volumen zu und fanden eine immer größere Verbreitung. Doch sie waren auf ihre jeweilige Eigenart festgelegt, während man Liköre in jeder nur erdenklichen Geschmacksrichtung herstellen kann. Ihre Farben, ihr Geschmack und auch ihre Süße sind die wichtigsten Erfolgskomponenten. Liköre bieten ein breites Spektrum aller Geschmacksrichtungen, die Skala reicht von bitter oder herb bis süß und fruchtig, und sie alle sind beim Mixen unentbehrlich.

### Amaretto

Amaretto ist ein Mandellikör, der in Italien von zahlreichen Herstellern angeboten wird. Die mit Abstand bekannteste Marke und zugleich die größte Likörmarke Italiens ist Disaronno.

Bénédictine DOM
Dieser fein-würzige Kräuterlikör entstand nach einer Rezeptur, die 1863 im Benediktinerkloster Fécamp in der Normandie gefunden wurde. Der Namenszusatz DOM steht für deo optimo maximo – »dem besten und größten Gott« geweiht.

Chartreuse
Chartreuse besteht aus den Auszügen von 130 Kräutern und Gewürzen, aus Weindestillat, Honig und Zucker. Die Klassiker sind Verte (Grün) und Jaune (Gelb).

Cointreau
Diesen klaren Orangenlikör gibt es seit 1875. Weitere Sorten sind der **Cointreau Noir**, eine Komposition aus Cointreau und Cognac, sowie der **Cointreau Blood Orange** aus korsischen Blutorangen.

Crème de ...
Liköre mit diesem Namenszusatz sind besonders süß und weisen einen Mindestzuckergehalt von 250 Gramm pro Liter auf. Die bekanntesten sind Crème de Menthe, Crème de Cacao, Crème de Bananes und Crème de Cassis.

Curaçao
Der aus karibischen Bitterorangen hergestellte Curaçao ist der Stammvater der Orangenliköre. Außer dem wasserhellen »**Triple Sec**« gibt es die gefärbten, aber geschmacklich identischen Sorten **Blue**, **Red** und **Green.** Ein weiterer Vertreter ist der weniger süße **Curaçao Orange.**

Drambuie
Der berühmteste schottische Likör, hergestellt aus Whisky, Heidehonig und Kräutern. Sein Name stammt vom Gälischen an dram buidheach (ein »Trank, der zufrieden macht«).

Galliano
Galliano gibt es seit 1896. Angeboten werden der Kräuterlikör L'Autentico und der Vanilla mit einem kräftigen Vanilleanteil.

Grand Marnier
Dieser Klassiker wird seit 1827 in der Nähe von Paris aus Orangenschalen-Destillat und Cognac hergestellt.

Heering Cherry Liqueur
Die Geschichte des in Kopenhagen produzierten Kirschlikörs reicht in das Jahr 1818 zurück. Heering gilt als weltweit bester Kirschlikör.

Kahlúa Coffee Liqueur
Kahlúa ist die international größte Kaffeelikör-Marke. Es gibt ihn seit 1936, und er zählt zu den wichtigsten Likören des Bar-Sortiments.

Malibu
Malibu Rum with Coconut gibt es seit 1980, und dieser klare Kokosnusslikör ist die führende Marke.

Maraschino
Der Ursprung dieses wasserhellen Kirschlikörs liegt in der dalmatinischen Stadt Zara (heute Zadar), wo das Unternehmen Luxardo um 1820 zum ersten Mal diesen besonderen Kirschlikör aus dalmatinischen Maraska-Kirschen herstellte.

Southern Comfort
»The Grand Old Drink of the South« ist die größte und älteste Likörmarke der USA. Den nicht allzu süßen Likör mit seiner leichten Orangen- und Pfirsichnote gibt es mit 35 % vol und die Sorte »Black« mit 40 % vol.

# Schaumweine

Seinen Ursprung hat der schäumende Wein in Frankreich. Dort wurde mit dem »Blanquette de Limoux« 1544 erstmals ein schäumender Wein erwähnt, und knapp 200 Jahre später begann die Entwicklung des Champagners. Die älteste Champagner-Firma besteht seit 1729, und die erste deutsche Sektkellerei öffnete 1826 ihre Tore. In Europa lag ihr Ursprung, doch heute wird Sekt weltweit hergestellt.

Die schäumenden Weine deutscher Hersteller ließen sich damals durchaus mit dem »echten Champagner« vergleichen, und sie wurden bis 1919 auch so genannt. Der deutsche Schaumwein verdankt seinen Namen »Sekt« dem deutschen Schauspieler Ludwig Devrient, der an einem Abend im Jahr 1825 in seinem Stammlokal aus Shakespeares Heinrich IV. zitierte: »Bring' er mir Sect, Schurke! Ist keine Tugend mehr auf Erden?« Zu dieser Zeit war diese Bezeichnung eigentlich für den spanischen Sherry-Wein (Vino Seco) gebräuchlich, doch jeder wusste, dass Devrient Champagner damit meinte. Obwohl der Name »Sekt« damit buchstäblich in aller Munde war, wurde er erst 1925 per Gesetz verankert. Der Aufschwung des Sekts zum »Volksgetränk« begann nach dem Zweiten Weltkrieg. Neue Techniken bei der Herstellung und das »Wirtschaftswunder« bewirkten eine rasante Umsatzsteigerung. Die Sektproduktion in Deutschland beträgt rund 370 Millionen Flaschen pro Jahr. Generell geregelt wurde alles, was Sekt betrifft, durch das neue Weingesetz von 1971. Man schuf den Begriff »Qualitätsschaumwein«, der mit »Sekt« identisch ist, jedoch höheren Anforderungen unterliegt als »Schaumwein«. Zur Sektherstellung kennt man mehrere Verfahren: Das älteste ist die »Méthode champenoise«. Laut EU-Entscheidung ist diese Bezeichnung seit 1. 9. 1994 dem Champagner vorbehalten. Sie wird ersetzt durch die Bezeichnung »Klassische« oder »Traditionelle Flaschengärung«. Dabei werden die mit der Fülldosage versehenen Weine auf Flaschen gefüllt und verschlossen. In der Flasche beginnt dann die zweite alkoholische Gärung, in deren Verlauf der Zucker – unter Einwirkung der Hefe – in Alkohol und Kohlensäure umgewandelt wird. Da die Kohlensäure nicht entweichen kann, verbindet sie sich mit dem Wein. Nach Beendigung der Gärung setzen sich die Trübstoffe in den Flaschen ab. Diese werden dann mit dem Hals nach unten in sogenannte Rüttelpulte gesteckt und durch tägliches manuelles oder auch maschinelles Rütteln so behandelt, dass sich die Hefe im Flaschenhals sammelt und absetzt. In dieser Stellung – mit dem Kopf nach unten – werden die Flaschenhälse dann in eine Kältesole getaucht. Dabei friert ein Teil des im Flaschenhals befindlichen Sekts mit der Hefe zusammen, sodass nach dem Umdrehen der Flasche und beim Öffnen durch den Degorgeur, den »Enthefer«, der unter Druck stehende Hefepfropf aus dem Flaschenhals fliegt. Der beim Degorgieren verlorene Flascheninhalt wird aufgefüllt; es wird eine »Versanddosage« – eine Lösung aus Zucker und Wein – zugefügt, welche die Geschmacksrichtung des Sekts bestimmt.

Ein weiteres Verfahren der Flaschengärung ist das Transvasier-Verfahren. Bei dieser Methode vollziehen sich Gärung und Reifung in speziellen Gärflaschen. Dabei entfallen allerdings der Rüttelprozess und die manuelle Enthefung. Nach Beendigung des Reifelagers werden die Flaschen geöffnet und – um den Verlust der bei der Gärung entstandenen Kohlensäure zu vermeiden – in einen unter Gegendruck stehenden Behälter entleert. Die Hefebestandteile werden über Filter abgeschieden, die »Versanddosage« zugegeben und der Sekt auf Flaschen gefüllt. Die dritte Methode ist die Großraumgärung. Hier erfolgt die zweite Gärung in Großraumbehältern. Anschließend wird unter Gegendruck über Filter die Hefe abgeschieden, dosiert und der Sekt auf Flaschen gefüllt. Auch hier ist die Versanddosage entscheidend für die Geschmacksrichtung.

Es werden – wie beim Champagner – sechs Geschmacksrichtungen angeboten. Die richtige Trinktemperatur liegt für weißen Sekt bei 5 bis 7 °C, für Rosé-Sekt bei 6 bis 8 °C und für roten Sekt bei 9 bis 11 °C.

## INTERNATIONALER SEKT

Frankreich, dem ersten Herstellerland von schäumendem Wein, folgten 1826 Deutschland und 1842 Österreich. Italien begann um 1870 mit seiner Asti-Produktion, Spanien trat 1872 dem Kreis der Schaumweinerzeuger bei. Heute produzieren fast alle Weinländer auch Schaumwein. Mengenmäßig hervorragende Qualitäten bieten die spanischen »Cavas« und die französischen »Crémants«. Bei Schaumweinen mit kontrollierter Ursprungsbezeichnung sind unter anderem das Anbaugebiet, die Rebsorten, die Reifezeit und die Verarbeitung festgelegt, diese Produkte sind durchweg höherwertig. Altbekannt ist der nicht nur in der roten und mild-lieblichen Version erhältliche russische Krimsekt. Italiens Ruhm als »Schaumweinland« gründet auf seinem Asti, seinen Spumanti (von italienisch spuma »Schaum«) und dem seit den 1980er-Jahren immer erfolgreicheren Prosecco. Auch die »Neue Welt« hält mit, und neben Kalifornien mit seinen »Sparklings« produzieren Südafrika und Australien ebenfalls Schaumweine.

### Champagner

Die Heimat des Champagners liegt nordöstlich von Paris. Rund 15 000 Winzer, etwa 40 Genossenschaften und etwa 250 Champagner-Häuser produzieren jährlich etwas über 300 Millionen Flaschen. Champagner ist vor allem ein Weißwein, obwohl er vorwiegend aus blauen Trauben gewonnen wird. Ausschließlich drei Rebsorten machen fast den ganzen Rebstock-Bestand aus: die beiden blauen Pinot Noir und Pinot Meunier sowie der weiße Chardonnay. Verarbeitet werden die Weine nach der »Méthode champenoise«. Sie ist die typische und allein zugelassene Methode der Champagner-Herstellung. Je nach Zuckergehalt der Versanddosage ist der Champagner »Extra Brut«, »Brut«, »Extra Dry«, »Sec«, »Demi Sec« oder »Doux« (siehe Fachausdrücke auf Seite 17 ff.).

### Französischer Sekt

Für die französischen Schaumweine wurde Ende der 1980er-Jahre – zu ihrer Aufwertung und zur Abgrenzung gegenüber den einfachen »Vins mousseux« – die Qualitätsstufe »Crémant« eingeführt, sie gilt für Schaumweine, die außerhalb der **Champagne** nach dem Verfahren der Flaschengärung (»Méthode champenoise«) hergestellt werden. Es dürfen nur Weine der jeweiligen Region verwendet werden, und es sind nur 100 Liter Most aus 150 Kilogramm Trauben erlaubt. Des Weiteren ist eine Zeitdauer von neun Monaten auf der Hefe in der Flasche vorgeschrieben. Die »Crémants« tragen eine AOC (Appellation d'Origine Contrôlée, »kontrollierte Herkunftsbezeichnung«), diese Bezeichnung ist inzwischen für acht französische Regionen und auch außerhalb Frankreichs zugelassen.

Spanischer Sekt (Cava)

Das Zentrum der spanischen Sektherstellung, die Region Penedès, liegt in Katalonien. Dort wurde 1872 erstmals spanischer Schaumwein produziert. Er wird im Flaschengärverfahren hergestellt und nennt sich »Cava« (das bedeutet ursprünglich »unterirdische Kellerei«). Etwa 250 Millionen Flaschen werden jährlich erzeugt, und damit ist Spanien nach Frankreich das größte Erzeugerland von Schaumweinen mit der traditionellen Flaschengärung.

Italienischer Sekt, Asti und Prosecco

Um die 200 Millionen Flaschen dieser Sorten werden jährlich abgefüllt. Über die Hälfte davon entfällt auf den süßen Asti Spumante aus der im Piemont heimischen Moscato-Traube. Daneben gibt es aber auch eine große Zahl trockener Weine, aus denen Schaumwein hergestellt wird. Rund 90 Prozent dieser Spumanti entstehen durch Tankgärung, die besten jedoch im Flaschengärverfahren (Metodo Classico). Bis in die späten 1980er-Jahre relativ unbekannt war der Prosecco. Namengebend war bis Ende 2009 die weiße Rebsorte, aus deren Trauben er hergestellt wird, mittlerweile muss sie jedoch »Glera« genannt werden und wird nur im Nordosten Italiens, vor allem in der Region Venetien, angebaut (DOC Weinbaugebiet). Gemäß dem Dekret des italienischen Landwirtschaftsministers ist Prosecco seit dem 1. Januar 2010 eine Herkunftsbezeichnung – zum Schutz vor den »überschäumenden« Prosecco-Fälschungen. Neben dem Prosecco Spumante gibt es den Perlwein Prosecco Frizzante. Dieser wird meist mit zugesetzter Kohlensäure bereitet, wobei sein Kohlensäure- und Alkoholgehalt geringer ist als für Sekt vorgeschrieben. Diesem Umstand verdankt der leichte, frische Frizzante auch seine Befreiung von der Sektsteuer. Im Gegensatz zum Prosecco Spumante werden die Frizzante-Flaschen wie Wein verkorkt und die Korken bei manchen Marken mit Schnüren, dem »Spagno«-Verschluss, gesichert.

# Südweine

Neben den weltberühmten Südweinen Sherry, Port und Madeira werden noch andere – früher zum Teil weltbekannte – Südweine hergestellt. Als »Südwein« oder (veraltet) »Dessertwein« oder »Likörwein« bezeichnet man Weine, bei denen die Gärung des Traubenmosts durch die Zugabe von Alkohol unterbrochen wird. Ihre Geschmacksvielfalt ist spektakulär, und ihre Verwendungsmöglichkeiten sind unendlich.

## Madeira

Die auch für ihren Wein berühmte Insel Madeira liegt etwa 900 Kilometer vom Mutterland Portugal entfernt. Auch der Madeirawein erhält eine Alkoholzugabe und zusätzlich eine Wärmebehandlung.

**Die Sorten:**
**Sercial** Der helle bis bernsteinfarbene Sercial ist der trockenste Madeira.
**Verdelho** Ist halbtrocken, fruchtig-würzig und golden bis roséfarben.
**Malmsey** Ist der wichtigste, körperreichste und süßeste Madeirawein.
**Boal (Bual)** Nicht zu herb und nicht zu süß, ist er der typische Madeirawein.
**Rainwater** Eine Mischung aus Verdelho und Sercial, leicht trocken.

## Málaga

Wird aus den Rebsorten Moscatel und Pedro Ximénez hergestellt.

## Marsala

Für den sizilianischen Marsala werden die Weine auf verschiedene Arten verarbeitet, und die Geschmacksskala reicht von trocken bis süß.

## Port

Die Heimat des Portweins erstreckt sich im Norden Portugals im oberen Douro-Tal. Von den rund 80 dort gedeihenden Rebsorten sind etwa die Hälfte für die Portweinherstellung zugelassen. Die Gärung des Mosts wird durch die Zugabe von Weindestillat unterbrochen und dabei der Alkoholgehalt auf etwa 20 Grad erhöht. Je früher der Alkohol beigefügt wird, desto süßer wird der Wein, je später, desto trockener. Bis zum Frühjahr bleibt der Wein im Anbaugebiet und wird dann zur Lagerung und Reifung in die Porto gegenüberliegende Hafenstadt Vila Nova de

Gaia gebracht. Portwein wird hauptsächlich als Ruby, Tawny, White und – seit dem Jahr 2009 – auch als Rosé angeboten.

Samos

Auf der Insel Samos in der Ostägäis wird dieser süße Wein aus der Gelben Muskateller-Traube hergestellt. Seit 1982 gibt es eine höhere Qualität auch als Appellationswein, das heißt, mit geschützter Herkunftsbezeichnung (O.P.E.).

Sherry

Seine Heimat ist Andalusien im Süden Spaniens. Nur in einem eng begrenzten Anbaugebiet um das Städtedreieck Jerez de la Frontera, Sanlúcar de Barrameda und Puerto de Santa María wird Sherry hergestellt. Es werden nahezu ausschließlich die Rebsorten Palomino Fino, Moscatel und Pedro Ximénez verwendet und fast alle Sherry-Sorten im Solera-Verfahren ausgebaut. Dabei liegen die Fässer in Dreier- oder Viererreihen übereinander. Die oberen Fässer enthalten den jüngeren Wein, der aber auch bereits eine dreijährige Entwicklung hinter sich gebracht hat. In der Solera reift der Sherry weiter, und meist einmal jährlich wird aus der untersten Fassreihe bis zur Hälfte entnommen. Wieder aufgefüllt werden die Solera-Fässer aus den jeweils darüberliegenden Fassreihen.

**Die Sherry-Sorten:**

**Fino** Ein trockener, herber Sherry mit feinem Mandelaroma.

**Amontillado** Ist mit dem Fino eng verwandt, aber nicht ganz so trocken.

**Manzanilla** Ein Fino, der an der Küste ausgebaut wird. Er ist hell, sehr trocken und leicht.

**Oloroso** Der »Wohlriechende« ist trocken bis leicht-süß und von dunkelgoldener Farbe.

**Pedro Ximénez** Diese Sherrys sind dunkelbraun bis schwarz, dickflüssig, süß, intensiv und vollmundig.

**Palo Cortado** Ist sehr selten. Er vereint die Noten von Amontillado und Oloroso.

**Moscatel** Gibt es von herb bis süß.

**Cream** Für den süßlichen Cream Sherry wird Oloroso mit Pedro Ximénez gemischt.

**Fino en Rama** Dies sind ungefilterte Sherrys mit der typischen Frische der Finos.

# Spirituosen

Fast unüberschaubar präsentiert sich die Welt der Spirituosen. Doch das Wissen um die Herkunft und um die Qualitätsunterschiede ist von wesentlicher Bedeutung beim Einkauf. Die wichtigsten Spirituosen werden nachfolgend vorgestellt, wobei Whisky & Whiskey, Weinbränden und Likören eigene Kapitel gewidmet sind.

## BITTERSPIRITUOSEN UND LIKÖRE

Für viele Bittermarken zeichneten Ärzte und Apotheker verantwortlich, und die Suche nach Heilgetränken führte zu ihrer Entstehung. Während manche Klassiker bereits im Mittelalter entwickelt wurden, sind die meisten jedoch neueren Datums. Etwas verwirrend sind die vielfältigen Bezeichnungen, etwa Bitterspirituose, Bitterlikör, Alpenbitter, Magenbitter, Kräuterspezialität, Kräuterbitter, Kräuterlikör oder Kräuterhalbbitter. Einen Anhaltspunkt gibt jedoch der Zuckergehalt: Im Unterschied zu einer Bitterspirituose muss ein Bitterlikör mindestens 100 Gramm Zucker pro Liter aufweisen.

### Cachaça

Cachaça (ausgesprochen Kaschassa) ist ein Zuckerrohrdestillat, das in seiner Heimat Brasilien in unzähligen Marken angeboten wird. Der seit Ende des 17. Jahrhunderts bekannte Cachaça beherrscht den gesamten Spirituosenmarkt des Landes. Während Rum in vielen Ländern zu Hause ist, wird Cachaça ausschließlich in Brasilien produziert. Im Gegensatz zu Rum, den man hauptsächlich aus Melasse – dem Rückstand bei der Zuckerherstellung – gewinnt, wird Cachaça aus frischem Zuckerrohrsaft hergestellt. Obwohl beide auf Zuckerrohr basieren, sind sie doch grundverschieden und die Endprodukte weit voneinander entfernt. Der große Unterschied entsteht auch durch ein anderes Gär- und Destillationsverfahren. Cachaça ist in der Regel wasserhell, wird aber auch golden getönt angeboten.

### Calvados

Im Jahr 1588 zerschellte die spanische Caravelle »El Calvador« an den Klippen der normannischen Küste, und ihr Name ging auf die Region, das Département Calvados, über. »Calvados« dürfen sich nur Brände aus genau festgelegten Gebieten in der Normandie nennen. Man unterscheidet zwischen drei Calvados-Arten, zwischen Appellation Calvados Contrôlée, Calvados du Pays d'Auge Appellation Contrôlée und dem Calvados Domfrontais, der mindestens 30 Prozent Birnen enthalten muss. Ersterer kommt aus acht Bezirken, der angesehenste aber stammt aus dem Pays d'Auge. Die Basis sind festgelegte Apfelsorten, die – je nach Region – auch mit einem Anteil Birnen zu Most, dem Cidre, verarbeitet werden. Der mindestens ein Jahr alte Apfelwein wird dann in klassischen Brennblasen destilliert (Pays d'Auge zweimal). Calvados reift in Eichenholzfässern mindestens ein Jahr, meist aber viel länger.

### Gin

Gin ist die Spirituose Englands, und sein Ursprung lag im holländischen Genever, wobei dieses mit Wacholderbeeren gewürzte Korndestillat von Holland auf die Insel gelangte. In der heutigen Zeit verwendet man sehr hoch ausgebrannten Agraralkohol aus Getreide oder Melasse, dieser wird zusammen mit Wacholderbeeren und vielerlei Gewürzen noch einmal destilliert. Man unterscheidet zwei Arten: den trockenen »Dry Gin« oder »London Dry Gin« und den mit Zucker gesüßten »Old Tom« oder »Plymouth Gin«. Gin kann überall hergestellt werden, die Bezeichnung »Dry Gin« darf aber nur verwendet werden, wenn kein Zucker zugesetzt wurde. Auch der Name »London Dry Gin« bezieht sich auf die trockene Version des Gins und nicht auf den Herstellungsort. Seit der Jahrtausendwende erblickten unzählige neue Marken mit zum Teil völlig neuen Gewürzkompositionen das Licht der Welt, und laut Schätzungen gibt es inzwischen weltweit etwa 600 Marken.

### Obstbrand

Obstbrände zählen zu den edelsten Spirituosen und sind in ihrer Vielfalt unübertroffen. Man unterscheidet bei den Obstbränden zwischen »Wasser« und »Geist«. Zu den Wässern zählen Brände aus Kern- und Steinobst wie Kirschen, Zwetschgen, Pflaumen, Birnen, Äpfel und mehr. Bei der Herstellung der Wässer werden die Früchte vergoren, anschließend wird destilliert. Darauf folgt der»Feinbrand«, ein zweiter Destillationsprozess. Geiste dagegen werden aus zuckerarmem Obst, vor allem aus Beeren, hergestellt. Früchte wie Himbeeren oder Schlehen, deren Zuckergehalt zum Vergären nicht ausreicht, werden deshalb mit Neutralalkohol angesetzt und dann destilliert.

### Rum

Kolumbus brachte 1494 auf seiner zweiten Reise Zuckerrohrpflanzen in die Neue Welt, dort verbreitete sich das Zuckerrohr über die karibische Inselwelt und das süd- und mittelamerikanische Festland. Mit der Zuckerproduktion entstand eine bis heute wichtige Industrie – und mit dem auf Zucker basierenden Rum eine der facettenreichsten Spirituosen. Das Nebenprodukt aus der Zuckerherstellung ist die braune, zähflüssige Melasse. Sie bildet (neben Zuckerrohrsaft oder -sirup) die Grundlage für Rum. Die meisten der großen Marken stammen aus Jamaika, Kuba, Puerto Rico, Barbados, Martinique und der Dominikanischen Republik. Auch die nördlich von Brasilien gelegenen Staaten Guyana, Venezuela und Kolumbien produzieren Rum, ebenso die mittelamerikanischen Länder von Panama bis Mexiko. In Australien und auf den afrikanischen Inseln Mauritius, Réunion und Madagaskar wird ebenfalls Rum hergestellt.

### Tequila / Mezcal

Im 16. Jahrhundert entdeckten die Spanier in Mexiko bei den Ureinwohnern ein alkoholisches Getränk aus vergorenem Agavensaft. Die Spanier nannten es »Pulque« und versuchten, durch Destillieren ein alkoholstärkeres Getränk daraus zu gewinnen. Schließlich stießen sie auf besonders geeignete Agavenarten, deren Saft sie vergären und destillieren konnten. Die Herstellung des »Mezcal« genannten Destillats verbreitete sich dann in die Regionen, wo entsprechende Agaven wuchsen. Ende des 18. Jahrhunderts wurde der in der kleinen Stadt Tequila hergestellte Mezcal durch seine Qualität bekannt, und man entdeckte, dass für diesen nur die Blaue Agave »Tequilana Weber« verwendet wurde. Heute sind die Anbaugebiete für diese Agave gesetzlich festgelegt. Alles, was aus Agaven anderer Regionen destilliert wird, heißt Mezcal. Tequila reift nur kurz und wird als »Silver« (Plata) und mit Karamell gefärbt als »Gold« angeboten. »Reposado« reift bis zu neun Monate, »Añejo« mindestens ein Jahr. Die höchste Güteklasse ist »Premium«, der aus 100 Prozent Agave azul destilliert wird.

### Wodka

Das russische Nationalgetränk Wodka, das »Wässerchen«, hat seinen Ursprung in Polen, dort wurde bereits im 17. Jahrhundert Wodka hergestellt. Bis Anfang des 20. Jahrhunderts war Wodka nur in Polen und Russland verbreitet, erst nach 1918 begannen russische Emigranten außerhalb ihrer alten Heimat mit der Wodkaproduktion. Als Rohstoffe werden hauptsächlich Gerste, Roggen, Weizen oder auch Kartoffeln verwendet. Die Auswahl hat jedoch kaum Bedeutung, da sich bei den mehreren aufeinanderfolgenden Destillationsvorgängen fast alle Geschmacksstoffe verlieren. Wodka will man als reines, weiches und neutrales Produkt, und dies wird durch eine mehrfache, meist über Holzkohle vorgenommene Filtrierung erreicht. Außer den klaren neutralen Wodkas werden auch aromatisierte Sorten hergestellt. Altbekannt ist der Zubrov(w)ka, der durch die Zugabe von cumarinhaltigem Büffelgras einen an Waldmeister erinnernden Geschmack erhält.

## WEINBRÄNDE

### Armagnac

Im Südwesten Frankreichs, im Herzen der Gascogne, liegt die Region Armagnac. Im Unterschied zum Cognac, der zweimal destilliert wird, wird beim Armagnac das kontinuierliche Brennverfahren angewandt. Dabei wird der Wein dem Brennapparat kontinuierlich zugeführt und nur einmal gebrannt. Die Destillate werden dann zur Reifung in Fässern aus Steineiche gelagert, wodurch der Armagnac eine längere Reifezeit benötigt. In der Regel mischt man verschiedene Destillate und Altersstufen, um eine gleichbleibende Qualität zu erzielen. Entscheidend für die Altersangabe ist immer das jüngste Destillat. Im Gegensatz zum Cognac werden vom Armagnac vielfach Jahrgangsabfüllungen angeboten.

### Brandy

Fast überall, wo Wein wächst, wird auch Brandy hergestellt. Während die spanischen Brandys bei uns in großer Vielfalt angeboten werden, ist Italien nur mit wenigen Marken vertreten. Der italienische Brandy-Markt wird von zwei großen Marken dominiert, daneben gibt es viele kleinere regionale Produzenten. Spanischer Brandy ist zu 95 Prozent »Brandy de Jerez«. Im andalusischen Sherry-Dreieck erzeugen etwa drei Dutzend Hersteller, meist zugleich auch Sherry-Produzenten, etwa 100 Millionen Flaschen Brandy pro Jahr. Der Brandy de Jerez unterscheidet sich von den Weinbränden anderer Länder, denn seine Entwicklung erfolgt in der »Solera«. Dieses einzigartige Verfahren beruht auf einer regelmäßigen Vermischung der Destillate, die in alten, in drei oder vier Reihen übereinandergestapelten Sherry-Fässern reifen (siehe Seite 142). Er wird in drei Güteklassen unterteilt: »Solera« mit einer durchschnittlichen Mindestreifezeit von eineinhalb Jahren, »Solera Reserva« mit drei Jahren, und der »Solera Gran Reserva« reift etwa acht Jahre.

### Cognac

Cognac ist der berühmteste Weinbrand, er stammt aus den im Südwesten Frankreichs, in der Region Neu-Aquitanien liegenden Départements Charente-Maritime und Charente, dessen Herz die kleine Stadt Cognac ist. Beim klassischen Brennverfahren wird der Wein naturtrüb in Brennblasen gefüllt, und nach der zweiten Destillation kommt nur das »Herzstück« zur Reifung in Eichenholzfässer. Der Lagerung folgt die Mariage (»Vermählung«). Dabei werden verschiedene Destillate und Altersstufen gemischt. Cognac darf verkauft werden, wenn er mindestens zwei Jahre in einem Limousin-Eichenholzfass gereift ist. Diese sind als V. S. (Very Special) bekannt. V.S.O.P. (Very Superior Old Pine) reift mindestens vier Jahre, Extra, Napoleon etc. sechs Jahre und der X.O. (Extra Old) seit 2018 zehn Jahre. Die Zahl der verkauften Flaschen betrug 2017 rund 190 Millionen.

### Pisco

Pisco ist kein Brandy klassischer Machart, zählt aber im weiteren Sinn dazu. Sein Ursprung liegt in Peru, und dort wird Pisco in meist kleineren Brennereien in großer Sortenvielfalt hergestellt. Pisco aus Peru ist ein Destillat aus dem Saft frisch gepresster Weintrauben. Chilenischer Pisco wird nördlich von Santiago de Chile hergestellt, dort werden hauptsächlich Muskatellertrauben verwendet, und im Gegensatz zum peruanischen Pisco lässt man ihn oftmals in Eichenholzfässern reifen.

### Weinbrand

Unter den Spirituosen Europas hat der gebrannte Wein die älteste Geschichte, schon ein deutschsprachiges Dokument von 1321 enthält Hinweise auf »gebrannten Wein«. Die Bezeichnung »Weinbrand« geht auf Hugo Asbach zurück, der seinen gebrannten Wein ab 1902 »Cognac-Weinbrand« nannte. Nachdem diese Bezeichnung im Versailler Vertrag 1919/20 verboten worden war, bürgerte sich »Weinbrand« ein.

## WHISKY & WHISKEY

Whiskys & Whiskeys sind vielfältig, und ihre Herstellung hat sich seit den 2000er-Jahren über die ganze Welt verbreitet. So gesellten sich in den letzten Jahrzehnten zu den klassischen, oft seit Jahrhunderten bekannten Destillerien Whiskybrennereien auf allen Kontinenten. Der Ursprung des Whiskys lag in Schottland und Irland, Schriftquellen belegen die Jahre um 1500 als seine Geburtszeit. Der Name »Whisky« leitet sich her vom gälischen »Uisge Beatha« beziehungsweise »Usquebaugh«, was »Lebenswasser« bedeutet. Mit den britischen und irischen Siedlern gelangte der Whisky auch nach Nordamerika. Dann stagnierte seine Ausbreitung für Jahrhunderte, und erst in den 1920er-Jahren trat Japan in den Kreis der großen Whiskynationen ein.

### Scotch Whisky

Das schottische Hochland war eine Region, in der illegal unzählige Kleindestillerien betrieben wurden. Um die Mitte des 18. Jahrhunderts waren es über 400 im Hochland und auf den einsam gelegenen Inseln. Es war die Zeit der Schwarzbrennerei und des Whiskyschmuggels, und diese endete erst 1823 mit der Schaffung annehmbarer steuerliche Regelungen.
In Schottland werden zwei Whiskyarten hergestellt: Malt (Malz-) und Grain (Korn-)Whisky. Generell unterscheidet man außerdem zwischen Highland (Hochland-) und Lowland (Flachland-)Whisky. Als Grenze zwischen beiden Gebieten gilt eine imaginäre Linie, die bei Greenock im Westen des Landes beginnt und bei Dundee im Osten endet. Etwa 50 der 90 Malt-Whisky-Destillerien befinden sich im Hochland in der

eigenständigen Unterregion Speyside. Die Orkney-Inseln mit zwei Brennereien zählen auch zu den Highlands, ebenso wie die Inseln Skye (1), Mull (1), Jura (1) und Arran, wo seit 1995 wieder eine Destillerie arbeitet. Die Insel Islay mit acht Brennereien gilt als eigenständige Region, ebenso Campbeltown (3) auf der Halbinsel Kintyre. In den Lowlands arbeiten sechs Malt-Brennereien. Außerdem sind acht Grain-Destillerien über ganz Schottland verstreut.

Der Grundstoff für Malt Whisky ist ausschließlich Gerste. Man bringt sie zum Keimen und trocknet sie mit Torffeuer. Das getrocknete Malz wird gemahlen, mit Wasser vermengt und unter Zusatz von Hefe zum Gären gebracht. Anschließend destilliert man die dabei entstandene Flüssigkeit zweimal in zwiebelförmigen Kupferkesseln, den Pot Stills. Bei diesem Verfahren werden die Kessel nach dem Ende einer Destillation jeweils neu gefüllt.

Wenn das frische Destillat ins Fass kommt, ähnelt es kaum dem Produkt, das später abgefüllt wird. Die Jahre verändern den Whisky vollkommen. Er wird weich und sein Geschmack entwickelt sich – der Whisky wird besser, je länger man ihn im Fass lässt. Drei Dinge spielen während des Alterungsvorgangs eine Rolle: der Whisky selbst, das Fass, in dem er reift, und das Klima, in dem die Reifung stattfindet. Die Bezeichnung »Single Malt« besagt, dass es sich dabei um das Produkt einer Destillerie handelt. Malt Whiskys, auf denen »100 % Malt« oder »Pure Malt« steht, sind sogenannte Vatted Malts – Whiskys, die aus verschiedenen Destillerien kommen.

Der weitaus größte Teil der Malt Whiskys wird aber nicht in Flaschen gefüllt, sondern zur Blended-Whisky-Herstellung verwendet. Die Erfindung des Patent-Destillierapparats im Jahr 1826 ermöglichte die Herstellung von Grain Whisky aus gemälzter und ungemälzter Gerste. Um 1860 begann man, Malt und Grain Whisky zu mischen, und der Blended Whisky begann seinen Siegeszug um die Welt. Rund 95 % der heute hergestellten Whiskys kommen als »Blended Scotch« auf den Markt. Laut Vorschrift muss jeder Whisky mindestens drei Jahre alt sein. Bei Whisky mit Jahresangabe muss stets das Alter des jüngsten verwendeten Whiskys angegeben werden, es darf kein Durchschnitt errechnet werden. Von »De-Luxe-Blends« spricht man ab einem Malt-Anteil von einem Drittel.

Auf dem Weltmarkt werden heute über 2000 verschiedene Blended Scotch Whiskys angeboten. Den Löwenanteil haben aber relativ wenige international bekannte Sorten. Blended Scotch Whiskys enthalten im Normalfall mindestens 40 % vol Alkohol. Die Malt Whiskys weisen meist 40 oder 43 % vol Alkohol auf, oft aber auch mehr.

Eine Besonderheit sind die »Cask Strength«-Malt Whiskys, denn diese »Fassstärke«-Whiskys trumpfen meist mit einem Alkoholgehalt von bis zu 60 % vol auf.

## Irish Whiskey

Kein anderer Whisky hat eine so bewegte Geschichte hinter sich wie der irische. Er war einmal der gefragteste Whiskey der Welt, stürzte dann jedoch infolge politischer Umstände dramatisch ab. Die Iren stellen drei Whiskeysorten her: Malt, Single Pot Still und Grain. Im 19.Jahrhundert stieg die Produktion in Irland zunächst stark an, aber dann ging es nur noch bergab. Als sich im Jahr 1878 die größten Brennereien Irlands zusammenschlossen, zeichnete sich der Niedergang schon ab. Im irischen Unabhängigkeitskrieg verloren sie mit dem Commonwealth ihren wichtigsten Markt, und die US-Prohibition (1920–1933) gab der irischen Whiskeyindustrie schließlich den Rest. In den folgenden Jahrzehnten wurde der irische Whiskey zum Randprodukt im Weltmarkt, als Folge mussten namhafte Brennereien dichtmachen. Im Jahr 1966 schlossen sich die verbliebenen drei aktiven Brennereien zur Irish Distillers Group (IDG) zusammen, und in den 1970ern trat auch die nordirische Old Bushmills dem Verbund bei. 1975 errichtete man in Midleton nahe der Stadt Cork eine Zentralbrennerei, in der alle Whiskeys der Gruppe nach dem Originalrezept erzeugt wurden, doch die von dem Zusammenschluss erhoffte Stärkung blieb aus. Im Jahr 1987 wurde die IDG schließlich von der französischen Groupe Pernod Ricard übernommen. Das Monopol, das die Franzosen nun in Irland hatten, gefiel manchem Iren nicht, und dies führte zur Entstehung vieler neuer, meist kleinerer Brennereien.

## American Whiskey

Der ursprüngliche US-Whiskey war der Rye. Er wurde durch den Bourbon verdrängt, erlebt aber heute eine Renaissance. Rye muss mindestens 51 Prozent Roggen aufweisen, Bourbon mindestens 51 Prozent Mais. Die wichtigsten anderen Sorten sind der Tennessee und der Blended American Whiskey, der mindestens 20 Prozent Straight Whiskey enthalten muss. Die amerikanischen Whiskeys altern in innen angekohlten Eichenfässern, die nur einmal eingesetzt werden dürfen. Der im Staat Tennessee hergestellte Whiskey gilt als eigenständig. Er ist zwar ein Bourbon, unterscheidet sich aber von den herkömmlichen Bourbons durch ein spezielles Filtrierverfahren. Die klassischen Whiskeystaaten sind Kentucky, Tennessee, Ohio, Illinois, Pennsylvania und Virginia. Die Mindestreifezeit für amerikanischen Whiskey beträgt zwei Jahre, eine Lagerzeit von unter vier Jahren muss auf dem Etikett angegeben werden. Der amerikanische Whiskey schreibt sich in der Regel mit »e«, doch es gibt auch einige Marken, die auf das »e« verzichten.

## Canadian Whisky

Die Entstehung der Whiskyproduktion in Kanada begann wesentlich später als die in den Vereinigten Staaten. Zwei spätere Whiskygiganten – Hiram Walker und Seagram – hatten maßgeblichen Anteil am Erfolg des

Canadian Whisky. Das Wachstum der kanadischen Destillerien wurde durch die Prohibition in den USA beträchtlich gefördert. Während dieser Zeit (1920–1933) versorgten die Kanadier den amerikanischen Markt – natürlich illegal. Während die Prohibition den Niedergang des irischen Whiskeys einläutete, ermöglichte sie dem Canadian den Aufstieg zur Whiskyweltmacht. Bis heute wird in den USA mehr Canadian als US-Whiskey getrunken. Canadian Whisky ist immer ein Blend aus einer geringen Menge Straight Whisky und sehr reinem Getreidealkohol. Jeder Blend enthält bis zu 20 verschiedene Whiskys aus verschiedenen Grundtypen. Hauptsächlich verwendete Getreidesorten sind Roggen sowie Mais und Gerste. Bei der Destillation kommen je nach Bedarf untereinander kombinierbare Methoden zum Einsatz. Die Blends werden entweder gleich aus den jungen Whiskys zusammengestellt, oder man lässt die Whiskys einzeln reifen und mischt sie dann erst. Die Lagerung erfolgt in alten Bourbon- oder in frischen Eichenholzfässern. In der Regel sind die Canadian Whiskys vier bis sechs Jahre alt. Es gibt aber auch zehn und zwölf Jahre alte Canadians, und wie in Schottland schreibt man in Kanada Whisky ohne »e«.

Internationale Whiskys

Aus klassischer Sicht gelten nur Schottland und Irland, die USA sowie Kanada als Whisk(e)y-Länder, doch werden Whiskys heute in vielen Ländern auf allen Kontinenten hergestellt. So zählt Japan beispielsweise schon seit etwa fünfzig Jahren zu den großen Herstellerländern. In Indien wird zwar nicht der qualitativ beste, aber quantitativ der meiste Whisky hergestellt. Doch auch in Europa hat sich einiges getan: Außer in den klassischen »Whisk(e)y-Nationen« wird noch in gut zwei Dutzend anderen Ländern Whisky gebrannt.

# Register

## CLASSIC DRINKS VON A–Z



## REGISTER DER DRINK-VARIANTEN

## REGISTER VON A BIS Z CLASSICS UND VARIANTEN

## REGISTER NACH BASIS

### Gin



### Wodka



### Rum

## Tequila



## Cognac



## Whisky & Whiskey



## Champagner/Sekt



# BESONDERS GEEIGNETE DRINKS FÜR DEN:

## Vormittag



## Nachmittag



## Früher Abend



## Abend / Nacht



## Späte Nacht

# Impressum

## DANKSAGUNG

Bei Reinhard Rohner, Babsi und Gigi möchte ich mich für die wie immer angenehme Zusammenarbeit im Fotostudio bedanken. Ein besonderer Dank geht an Thomas Hämmerling für das Mixen der Drinks im Fotostudio.

APS glass & bar supply Der Firma APS danke ich für die mir zur Verfügung gestellten Bargeräte und Gläser. www.apssupply.com

1.Auflage 2019


Hinweis

Die Ratschläge/Informationen in diesem Buch sind von Autor und Verlag sorgfältig erwogen und geprüft. Dennoch kann eine Garantie nicht übernommen werden. Eine Haftung des Autors bzw. des Verlags und seiner Beauftragten für Personen-, Sach- und Vermögensschäden ist ausgeschlossen.

Sollte diese Publikation Links auf Webseiten Dritter enthalten, so übernehmen wir für deren Inhalte keine Haftung, da wir uns diese nicht zu eigen machen, sondern lediglich auf deren Stand zum Zeitpunkt der Erstveröffentlichung verweisen.

Bildnachweis

Die Cocktail- und Drinkabbildungen stammen von Reinhard Rohner Fotodesign, München

**Projektleitung** Hannes Frisch
**Layout** OH JA!, München
**DTP** grafikdesignhansen.de – Jan-Dirk Hansen, München
**Redaktion** Claudia Fritzsche, München
**Bildredaktion** Sabine Kestler
**Korrektorat** Claudia Fritzsche, München
**Reproduktion** Mohn Media Mohndruck GmbH, Gütersloh
**Druck und Verarbeitung** Print Consult GmbH, München

Printed in Czech Republic

FSC www.fsc.org MIX Papier aus verantwortungsvollen Quellen FSC® C084279

Verlagsgruppe Random House FSC® N001967
ISBN 978-3-517-09854-8